Gerhard Lauer

Grundkurs Literaturgeschichte

Klett Lerntraining

Bibliografische Information der Deutschen Nationalbibliothek
Die Deutsche Nationalbibliothek verzeichnet diese Publikation in der Deutschen
Nationalbibliografie; detaillierte bibliografische Daten sind im Internet
über http://dnb.d-nb.de abrufbar.

Auflage 3 2 1 | 2015 2014 2013
Die letzten Zahlen bezeichnen jeweils die Auflage und das Jahr des Druckes.

Dieses Werk folgt der reformierten Rechtschreibung und Zeichensetzung. Ausnahmen
bilden Texte, bei denen künstlerische, philologische oder lizenzrechtliche oder andere
Gründe einer Änderung entgegenstehen.
Das Werk und seine Teile sind urheberrechtlich geschützt. Jede Nutzung in anderen als
den gesetzlich zugelassenen Fällen bedarf der vorherigen schriftlichen Einwilligung
des Verlages. Hinweis zu § 52a UrhG: Weder das Werk noch seine Teile dürfen ohne
eine solche Einwilligung eingescannt und in ein Netzwerk eingestellt werden. Dies gilt
auch für Intranets von Schulen und sonstigen Bildungseinrichtungen.
Fotomechanische Wiedergabe nur mit Genehmigung des Verlages.

© Klett Lerntraining, c/o PONS GmbH, Stuttgart 2013. Alle Rechte vorbehalten.
www.klett.de/uniwissen
Redaktion: Manfred Ott
Umschlaggestaltung: Sabine Kaufmann
Satz: Kassler Grafik-Design, Leipzig
Druck: AZ Druck und Datentechnik GmbH, Kempten
Printed in Germany
ISBN 978-3-12-939016-0

Inhalt

1 Einleitung: Warum Literaturgeschichte? — 6

2 Grundbegriffe der Literaturgeschichte — 9

    1 Was ist Literaturgeschichte? — 9
    2 Traditionen der Literaturgeschichtsschreibung — 12
    3 Zur Systematik der Literaturgeschichte — 15

3 Die Literatur des Mittelalters — 19

    1 Die althochdeutsche Literatur — 19
    2 Die mittelhochdeutsche Literatur — 27
    3 Die frühneuhochdeutsche Literatur — 45
    4 Zusammenfassung — 50

4 Die Literatur der Frühen Neuzeit — 52

    1 Die Literatur des Humanismus — 52
    2 Die Literatur der Reformation — 59
    3 Die Entdeckung der Prosa — 66
    4 Die Literatur des Barockzeitalters — 70
    5 Zusammenfassung — 84

5 Die Literatur der Neuzeit — 86

    1 Die Literatur des 18. Jahrhunderts — 86
    2 Klassik und Romantik — 101
    3 Die Literatur des 19. Jahrhunderts — 114
    4 Die Literatur des 20. Jahrhunderts — 127
    5 Literatur im Zeitalter der Medien — 138
    6 Zusammenfassung — 139

6 Hinweise zur Prüfungsvorbereitung — 141

    1 Allgemeine Hinweise — 141
    2 Was wird gefragt? — 141
    3 Wie wird gefragt? — 143
    4 Prüfungsthema Literaturgeschichte — 143

Anhang — **145**

1 Übersicht über die literaturhistorischen Begriffe — **145**
2 Literaturhinweise — **146**
   1 Literaturgeschichten — **146**
   2 Epochen der Literaturgeschichte — **146**
   3 Grundlagen der Literaturgeschichtsschreibung — **147**
   4 Weitere Literatur — **147**
   5 Internetseiten — **147**
3 Namen- und Werkregister — **148**

Vorwort

Dies ist eine einbändige deutsche Literaturgeschichte für alle, die mehr als nur Alltagsmeinungen über die Jahrhunderte der deutschen Literatur wissen möchten. Wie reich diese kulturelle Tradition ist und wie widersprüchlich sie zugleich sein kann, was die Bücher und ihre Autoren wollten, welche Leser sie in den verschiedenen Jahrhunderten fanden – das alles ist Gegenstand dieses Buches. Es soll seine Leserinnen und Leser klüger machen nicht im Urteil über einzelne Bücher, wohl aber im Urteil über die Zusammenhänge, die mit dem Begriff einer deutschen Literaturgeschichte nur sehr unzureichend beschrieben sind. Gezeigt werden die oftmals wunderlichen und zufälligen Wege, die die Literatur gegangen ist und die nur im Rückblick wie ein dichter Zusammenhang aussehen. Wer jeweils schrieb, in welchen Ausdrucksformen und mit welchen Absichten, wer jeweils las und über das Gelesene sein Urteil gefasst hat, für alle diese waren die Zusammenhänge selten solche der deutschen Literaturgeschichte. Neue Bücher aus Frankreich, große Romane aus Russland, ästhetische Ideen aus England oder Aufführungen von Wandertheatern, die keiner genauen nationalliterarischen Tradition zuzuordnen sind, sie gehören zu den Winkelhaken, die die Literaturgeschichte geschlagen hat. Das Buch informiert daher über die Entwicklung der deutschen Literatur wie über die Literatur in den deutschen Ländern und problematisiert dabei genau das, was sie selber ist: die Konstruktion einer deutschen Literaturgeschichte.

Die einen werden es lesen, weil sie ganz einfach neugierig sind, die anderen weil es Lernstoff in Schule oder Universität ist, wieder andere vielleicht, um nachzuschlagen, wie das mit dieser oder jener Epoche genauer war. Für diesen Überblick will das Buch eine verlässliche Begleitung sein.

Ich danke Manfred Ott vom Klett-Verlag für die umsichtige Betreuung dieses Bandes wie der gesamten Reihe, Armin Schneider für die Mühen bei der Erstellung des Registers. Ohne diese Unterstützung wäre das Buch wohl nur eine Absicht geblieben.

Gerhard Lauer
September 2008

1 Einleitung: Warum Literaturgeschichte?

Literaturgeschichte im Alltag

Literaturgeschichte gehört zu unserem kulturellen Alltagsleben, auch wenn uns das oft nicht auffällt. Wir urteilen über Literatur mit Formulierungen wie „ein klassisches Buch" oder „das ist mir zu barock". Im Kino schauen wir uns Verfilmungen alter Bücher an, von denen wir wissen, dass sie einer ganz anderen Epoche als der unseren zugehören. Feuilletons und Kultursendungen im Fernsehen empfehlen uns Neuerscheinungen als den „neuen Thomas Mann" oder klassifizieren Bücher als moderne Fortführung des Bildungsromans seit GOETHE. Figuren aus alten Theaterstücken oder Romanen wie der Don Quijote oder der eingebildete Kranke, Wilhelm Meister, der Taugenichts, Effi Briest oder Wilhelm Tell gehören zu unserem kulturellen Hintergrundwissen. Selbst wenn wir keinen Roman FONTANES gelesen haben, wissen wir, dass er etwas mit Berlin und der Mark Brandenburg oder ein Autor wie ARTHUR SCHNITZLER etwas mit der Psychoanalyse im Wien der Jahrhundertwende zu tun hat. Dichterhäuser in Weimar und Marbach, Eschenbach und Halberstadt, Quedlinburg oder Lübeck, Festspiele in Segeberg und Literaturfestivals in vielen kleineren oder größeren Städten locken jedes Jahr Millionen von Besuchern aus aller Welt an. Bücher und Verfilmungen wie *Der Herr der Ringe* wären ohne eine noch so vage Kenntnis der mittelalterlichen Ritterepik kaum denkbar. Der Buchmarkt lebt unverändert vom Druck der Klassiker. Und in der Schule gehört die Auseinandersetzung mit der Literaturgeschichte zu ihrem Bildungsauftrag. Literaturgeschichte ist Teil unseres kulturellen Alltagswissens. Sie spielt überall da eine Rolle, wo es um Einschätzungen kultureller Phänomene im Allgemeinen wie um Wertungen von Literatur geht, um die Bestimmung unseres kulturellen Erbes oder um die literaturkritische Beurteilung von Neuerscheinungen. Literaturgeschichte typisiert und schematisiert unsere Erwartungen und reguliert so unseren Umgang mit Literatur und Kultur. Kurz, Literaturgeschichte gehört zu unserem kulturellen Selbstverständnis – und das viel mehr, als uns dies bewusst ist.

Ziel des Grundkurses

Dieses Alltagswissen über Literaturgeschichte ist vielfach von Stereotypen bestimmt, von unklaren Vorstellungen durchzogen und oft genug ohne wirkliche Kenntnisse der Autoren, ihrer Bücher, ihrer Leser und ihrer Zeit. Genauere Kenntnisse über Literaturgeschichte zu vermitteln ist Aufgabe des vorliegenden Buches. Es ist eine wissenschaftlich grundierte Einführung in die Literaturgeschichte und will anstelle eines diffusen Alltagswissens begründete

Urteile und fundiertes Wissen über Literaturgeschichte setzen. Um das zu erreichen, verfolgt der Grundkurs zwei Ziele:

1. *Einführung in das Forschungsfeld Literaturgeschichte.* Literaturgeschichte ist keine Selbstverständlichkeit, auch wenn uns das so erscheint. Es gibt Gründe dafür, warum wir Literaturgeschichte im kulturellen Alltag wie in der Literaturwissenschaft betreiben, auch Gründe dafür, warum wir es gerade in der Weise tun, wie wir es gewohnt sind zu tun. Hier möchte der Grundkurs erläutern, was eigentlich Literaturgeschichte ist. Das Buch ist daher eine Einführung in die Methodik und Theorie der Literaturgeschichtsschreibung und erklärt, wie Literaturgeschichten konstruiert werden und welche Funktionen sie haben.

Einführung in das Forschungsfeld Literaturgeschichte

2. *Übersicht über die deutsche Literaturgeschichte von ihren Anfängen bis heute.* Auf wenigen Seiten etwas über mehr als tausend Jahre Literaturgeschichte in den deutschsprachigen Territorien und Ländern sagen zu wollen, mag vermessen erscheinen. Aber es geht in diesem Buch zuallererst um die Grundlinien der literarhistorischen Entwicklung, um die Erläuterung der wichtigsten Epochenbegriffe, um die zentralen Merkmale der jeweiligen Literaturen. Es will nicht Namen aufzählen und kann auf keine Vollständigkeit zielen, wohl aber Grundbegriffe der Epochen, Teilepochen, Bewegungen und Programmatiken vermitteln, die Literatur historisch bestimmt haben. Wenn dabei von „deutscher Literaturgeschichte" die Rede und „deutsch" klein geschrieben ist, dann zeigt das schon an, dass über deutsche Literatur und ihre Geschichte immer nur in ihren europäischen und manchmal weltliterarischen Bezügen gesprochen werden kann. Man wird kaum etwas über die deutsche Literaturgeschichte des 18. Jahrhunderts sagen können, ohne den Namen Shakespeare zu erwähnen.

Übersicht über die Literaturgeschichte

Der Grundkurs widmet seine meisten Seiten dieser Übersicht. Wer es aus der Hand legt, soll besser über die deutsche Literaturgeschichte in ihren Grundzügen Bescheid wissen. Dabei versucht der Grundkurs ein Gleichgewicht zwischen der Problematisierung literarhistorischer Konstruktionen und der Vermittlung kanonischer Begriffe und Zusammenhänge herzustellen. Man muss einen Begriff wie ‚Sturm und Drang' erst einmal kennen, um ihn problematisieren zu können. Der Grundkurs unterscheidet sich von anderen einbändigen Darstellungen, weil er seinen Schwer-

Aufbau des Grundkurses

Kapitel 1 Einleitung: Warum Literaturgeschichte?

punkt nicht auf die möglichst vollständige Darstellung der literaturhistorischen Details legt, sondern auf das jeweils Epochentypische, so dass ein Bild der wichtigsten Entwicklungslinien der deutschen Literatur entsteht.

Lernkontrolle

Am Ende eines jeden Kapitels finden sich Fragen. Sie dienen der Lernkontrolle und sind daher so abgefasst, dass es nicht die eine Antwort auf sie gibt, wie etwa in einem Multiple-Choice-Fragebogen. Vielmehr sind sie so weit gestellt, dass jemand nach der gründlichen Lektüre des Kapitels in der Lage sein müsste, diese Fragen zu beantworten und an Beispielen eigener Wahl erläutern zu können, was etwa typisch für die frühneuzeitliche Literatur im Unterschied zur neuzeitlichen ist. Wenn Sie die Fragen beantworten können, wissen Sie, dass Sie die Argumentationslinie des Kapitels verstanden haben.

Prüfungsvorbereitung

Ein eigenes Kapitel ist der Prüfungsvorbereitung gewidmet. Es erläutert, was im Vorfeld und in den Prüfungen selbst zu beachten ist, um erfolgreich zu studieren – und Prüfungen gehören nun mal zum Studium dazu. Natürlich gibt es Unterschiede in den Prüfungen, weil es persönliche Vorlieben und Eigenheiten der Prüfer gibt, Konventionen an den jeweiligen Instituten und ähnliches. Aber der Vergleich der Prüfungen an unterschiedlichen Instituten und Universitäten zeigt, dass diese Unterschiede nicht so groß sind, dass es nicht große Ähnlichkeiten in den Prüfungen gibt. Diese Erfahrungen, Regeln und Konventionen, die zu kennen, hilft, erfolgreicher zu studieren, werden am Ende des Buches beschrieben.

Das Buch ist zur selbstständigen Lektüre angelegt. Es mag aber auch als studienbegleitete Lektüre geeignet sein und soll seine Leserinnen und Leser ebenso unter Studentinnen und Studenten finden, wie auch unter Oberstufenschülern und interessierten Laien. Die einen werden es aus bester Neugierde lesen, andere, um sich literaturgeschichtliches Grundwissen anzueignen, das sie für ihr Studium brauchen, wieder andere zu Zwecken der Prüfungsvorbereitung. Es würde mich freuen, wenn es diesen Erwartungen gerecht werden würde.

> **TIPP**
>
> *Achten Sie einmal darauf, wo Sie im Alltag der Literaturgeschichte begegnen. Man lernt viel über das Funktionieren von Literaturgeschichte aus den impliziten Werturteilen über Kultur und Literatur, die vielfach beiläufig fallen und dabei Bezug auf unser Wissen über Literatur und ihre Geschichte nehmen.*

Grundbegriffe der Literaturgeschichte 2

1 Was ist Literaturgeschichte?

Literaturgeschichte ist ein uns vertrautes Muster zum Ordnen der Literatur und eines der Hauptarbeitsfelder der Literaturwissenschaft. Wie überall, so wachsen solche Ordnungen nicht auf Bäumen. Sie sind vielmehr das Ergebnis einer bewussten Auswahl, einer gezielten Reihung, Verknüpfung und Hierarchisierung von Texten. Bewusst heißt, dass wer immer eine solche Auswahl und Reihung von Texten vornimmt, dies in einer bestimmten Perspektive tut. Die Perspektive entscheidet, welche Texte mit welchen Kontexten verbunden werden, denn Texte sind immer nur in einem ausgewiesenen Kontext verständlich und können nur so als literaturgeschichtlich relevant identifiziert werden. Nur wenn ich eine Vorstellung davon habe, dass etwa im 17. Jahrhundert Fragen von Religion und Konfession eine Rolle gespielt haben, weiß ich, warum zum Beispiel religiöse Texte in der Literatur dieses Jahrhunderts eine so herausragende Rolle spielen und entsprechend in einer literaturgeschichtlichen Darstellung genannt sein müssen. Deshalb beschreiben Literaturgeschichten immer auch die Kontexte, wie etwa die historischen Umstände der Zeit, die Gesellschaftsordnungen oder auch die anderen Wissens- und Ausdrucksformen wie etwa Kunst, Musik oder Architektur einer Zeit. Eine erste Definition von Literaturgeschichte könnte daher lauten:

Eine erste Definition

> **DEFINITION**
>
> *Literaturgeschichte ist ein zeitlich geordneter Zusammenhang von Texten, die als literarisch klassifiziert werden und deren Darstellung in einer historischen und meist auch systematischen Perspektive erfolgt.*

Literaturgeschichte und Literaturgeschichtsschreibung bezeichnen dabei zweierlei:
1. den Prozess der Konstruktion einer Literaturgeschichte wie
2. das Ergebnis, die dargestellte Literaturgeschichte.
Das klingt abstrakt und scheint zunächst wenig zu besagen. An einem Beispiel, – einem bewusst sehr fern gewählten Beispiel – wird im Kontrast klarer, was diese Definition meint und vor allem wie sie sich auswirkt.

Literaturgeschichte als Konstruktion und als Darstellung

In der Kultur Chinas war es über Jahrtausende üblich, Literatur anzuordnen und zu bewerten (vgl. POHL 2006). Dabei machte man

Literaturgeschichte in China

Kapitel 2 — Grundbegriffe der Literaturgeschichte

eine ganze Reihe von Annahmen darüber, wie man überhaupt herausfindet, was als Literatur gilt, wie die Texte zu klassifizieren und in welche Reihenfolge sie zu ordnen sind. Kriterien, um Literatur überhaupt zu identifizieren, waren die folgenden: der Text musste in schöner Pinselschrift, also kalligraphisch geschrieben sein, er musste metrisch geordnet sein und sein Inhalt sollte der Form entsprechen. Um als Literatur kanonisiert werden zu können, war auch der Inhalt des Textes wesentlich. Als gelungen galten nur Texte, die Ausdruck einer moralisch-politischen Gesinnung (*zhi*) waren, wie sie der Konfuzianismus vorgab. Nachgeordnet war demgegenüber, ob Texte auch Ausdruck von Gefühlen zur Darstellung brachten (*qing*).

Warum gerade dies die Kriterien zur Bestimmung von Literatur waren, wird sofort verständlich, wenn man sich die Funktion dieser Texte ansieht. Damit kommt der Kontext in den Blick. Literatur war Teil der Beamtenausbildung. Wer Beamter im Dienste des Kaisers werden wollte, musste Gedichte schön schreiben können, sie formal gliedern und sich selbst durch das Auswendiglernen und Schreiben in der rechten Gesinnung einüben. Der Umgang mit Literatur war Teil der Beamtenprüfung. Nur wer ihn beherrschte, konnte kaiserlicher Beamter werden. Der Umgang sollte kultivierend auf die Beamten wirken, letztlich zur Ordnung des Staates beitragen wie er zugleich auch Ausdruck dieser Ordnung war. Das ist alles sehr weit von unseren heutigen Vorstellungen entfernt, erklärt aber, welche Vorannahmen leitend waren, um eine bestimmte Anordnung der Texte zu ergeben. In der chinesischen Literaturtradition werden Texte entsprechend dieser Verknüpfung mit der kaiserlichen Beamtenkultur und der Ordnung des Staates hierarchisiert und in vier „Schatzkammern" eingeteilt. Ganz oben stehen die klassischen und zugleich ältesten Texte des Konfuzius und des Konfuzianismus (*jing*), gefolgt von den Geschichtswerken (*shi*), dann den Schriften der verschiedenen Philosophenschulen (*zi*) und als niederste Schatzkammer die schöngeistigen, im engeren Sinn literarischen Textsammlungen (*ji*).

Die europäische Geschichtsauffassung

Schon an dieser nur knappen Skizze des Umgangs mit Literatur kann man erkennen, dass die Vorstellung von Literatur eine andere ist als unsere heutige. Nicht die schöngeistige Literatur, sondern die staatstragenden Texte standen im Vordergrund. Ältere Texte galten mehr als jüngere. Geordnet wurden Texte nach ihrer moralisch-politischen Bedeutung. Historische Kontexte spielten kaum eine

Rolle. Der Umgang mit Literatur war eine Einübung in diese moralisch-politische Haltung der Beamten. Das alles entspricht nicht der uns heute geläufigen Vorstellung, wie Texte ausgewählt, bewertet sowie hierarchisiert und in einen geordneten Zusammenhang gebracht werden. Uns fehlt vor allem eine Ordnungsregel im Umgang mit Literatur: die Geschichte.

Die Vorstellung, auch Literatur in einen historischen Zusammenhang zu stellen, ist eine sehr europäische Vorstellung. Sie geht auf die antike Tradition der Geschichtsschreibung zurück, wie sie der „Vater der Geschichtsschreibung [pater historiae]" HERODOT im 5. Jahrhundert v. Chr. formuliert hat. Im Vorwort zu seinen *Historien* schreibt Herodot, dass Geschichtsschreibung nicht nur an die vergangenen Taten der Menschen erinnern soll, sondern mehr noch erklären soll, warum diese gerade so gehandelt haben, wie sie gehandelt haben:

HERODOT

> Dies ist die Darlegung der Forschung des Herodot von Harlikanassos. Sie ist verfasst, damit die von Menschen vollbrachten Taten nicht mit der Zeit in Vergessenheit geraten und die großen und bewundernswerten Leistungen, die einerseits von den Griechen, andererseits von den Nichtgriechen erbracht wurden, nicht ohne Nachruhm bleiben. Insbesondere aber soll gezeigt werden, warum die Griechen und Nichtgriechen in eine kriegerische Auseinandersetzung miteinander geraten sind.
> (HERODOT, Historien, 2002, 10/11)

HERODOT hat mit seinen *Historien* das Muster für das Verständnis von Geschichte und Geschichtlichkeit für das europäische Denken vorgegeben, das dann auch für die Ordnung von Literatur bestimmend sein sollte. Geschichtlich zu ordnen heißt danach, die Zusammenhänge zwischen den Dingen oder Ereignissen darzustellen, etwa die psychologischen Motive, warum Völker miteinander Krieg geführt haben oder warum die griechische Kunst Vorbild für die römische ist. Geschichte als einen begründungspflichtigen Zusammenhang aufzufassen, das ist die eine Besonderheit der europäischen Geschichtsauffassung.

Die antike Geschichtsauffassung

Die europäische Vorstellung von Geschichte ist noch durch eine zweite Besonderheit geprägt. In Europa gibt es zwei kulturelle Traditionen von langer Prägekraft. Das ist neben der Antike das

Die christliche Geschichtsauffassung

Christentum. Eine der Besonderheiten Europas besteht nun darin, dass diese beiden Tradition nicht deckungsgleich sind. Die Antike galt als vorbildlich, und doch war sie aus Sicht des Christentums heidnisch. Das hieß, dass viele ihrer Vorstellungen mit den christlichen Idealen nicht übereinstimmten, wenn nicht sogar ihnen zuwider liefen. Die Christianisierung Europas hat nun diese antike Tradition nicht getilgt, sondern sie bewahrt, auch wenn vieles aus der antiken Tradition durch das Christentum abgelehnt wurde und daher verloren ging.

Die Verbindung von Antike und Christentum

Die Besonderheit Europas liegt daher darin, dass sie mit einer doppelten und vielfach verschiedenen Tradition ihr Auskommen gefunden hat. Das hatte auch Auswirkungen auf die Literaturgeschichte und Literaturgeschichtsschreibung. Denn in Europa Literaturgeschichte zu schreiben, hieß, Jahrhunderte lang zwei Überlieferungen zu integrieren, sie in Beziehung zu einander setzen, sie zu bewerten und aus ihnen widerstreitende Kriterien für den Umgang mit Literatur zu gewinnen. Sehen wir uns das genauer an.

2 Traditionen der Literaturgeschichtsschreibung

Die antiken Ansätze zur Literaturgeschichte

Schon im antiken Rom wurden Texte gesammelt und Namen von Autoren zusammengestellt, die als vorbildlich galten. Der Anlass dafür war oft ein ganz praktischer. So brauchte etwa der römische Rhetoriklehrer QUINTILIAN Texte, die als mustergültig für den Rhetorikunterricht geeignet waren. Sie hat er in seiner *Institutio oratoria* [*Lehrbuch der Redekunst*] zusammengetragen. Der Biograph der römischen Kaiser SUETON diskutiert in seiner Schrift *De vita caesarum* [*Kaiserviten*] nicht nur das Leben der römischen Cäsaren, sondern immer wieder auch die für ihn vorbildlichen Autoren. Wie selbstverständlich verknüpft SUETON – und mit ihm dann die Literaturgeschichtsschreibung bis ins 18. Jahrhundert hinein – das Leben der Autoren mit der Qualität ihrer Werke. Wenn uns auch vieles fremd an diesen Formen der Literaturgeschichte ist, geblieben ist die Frage nach dem Zusammenhang zwischen Leben und Werk.

Die christlichen Ansätze zur Literaturgeschichte im Mittelalter

Die antiken Muster der historiographischen Auseinandersetzung mit Literatur haben die Christen aufgenommen, als die antike Welt christlich zu werden begann. Der Bibelübersetzer HIERONYMUS schrieb im 4. nachchristlichen Jahrhundert ein nur fragmentarisch erhaltenes Buch *De viris illustribus* [*Über berühmte Männer*], das dann andere christliche Autoren wie etwa GENNADIUS VON MARSEILLE im 5. Jahrhundert fortführten. Die Absicht solcher Bücher war es, die Überlegenheit der christlichen Lebensführung an exemplarischen Biographien aufzuzeigen. Dabei wurde immer wieder auch auf Texte der Heiligen und anderer vorbildlicher Autoren verwiesen und diese Autoren und Texte zu Literaturgeschichten angeordnet, auch wenn solche Sammlungen noch gar nicht unserer Vorstellung von geschichtlichen Zusammenhängen entsprechen. Das setzt sich auch in den mittelalterlichen Schulkanones fort, die wie etwa in SIGEBERT VON GEMBLOUX *De scriptoribus ecclesiasticis* [*Über die kirchlichen Schriftsteller*] aus dem 11. Jahrhundert Autoren und ihre Werke zusammentragen, um sie für den Universitätsunterricht aufzubereiten.

Erst mit dem Humanismus kam im 15. Jahrhundert eine uns heute fast schon modern anmutende Auffassung des historischen Zusammenhangs von Texten auf. Man begann Philologie im modernen Sinn zu betreiben, prüfte also die Texte, fragte nach den jeweiligen Vorläufern, nach den Zusammenhängen von Abschriften und der Verlässlichkeit von Textzeugnissen. Was entstand, war eine *Historia literaria*, eine Geschichte der vor allem gelehrten Literatur. Poetische Literatur kam hier nur als Untergattung vor. Vor allem aber war diese Literaturgeschichtsschreibung fast ausschließlich auf die lateinische Literatur bezogen. Erst allmählich entstanden, beispielsweise im Frankreich des 16. Jahrhunderts, Literaturgeschichten, die eine Sprach- und Kulturgemeinschaft als Kontext voraussetzten, der erklären sollte, warum die Autoren gerade so schrieben, wie sie es taten. Im deutschsprachigen Raum hat das erstmals der Kieler Bibliothekar und Historiker DANIEL GEORG MORHOF mit seinem *Unterricht von der Teutschen Sprache und Poesie* 1682 versucht und das erste selbstständige poesiegeschichtliche Werk vorgelegt, das die Texte in deutscher Sprache zu einer deutschen Literaturgeschichte ordnet.

Die Literaturgeschichte des Humanismus und Polyhistorismus

Alles das blieb eine gelehrte Angelegenheit für Wenige. Erst mit der Aufwertung der *belles lettres*, der schönen Literatur im 18. Jahrhundert, und dann vor allem durch die Ästhetik der klassisch-romantischen Zeit um 1800 gewann die uns heute vertraute Auffassung von Literaturgeschichte an Geltung. Sie stellte die im engeren Sinn poetischen Texte in den Mittelpunkt und ordnete diese neu an nach Kriterien, die wir als historisch bezeichnen. Sie fragten

Die moderne Literaturgeschichtsschreibung seit 1800

13

nach den Ideen und Lebensweisen der Autoren und ihrer Leser als Voraussetzungen der Literatur. Statt Texte nur chronologisch anzuordnen oder sie nach den für eine Gattung vorbildlichen Texten oder nach ihrer moralischen Qualität zu klassifizieren, hoben Autoren wie Johann Gottfried Herder oder die Brüder August Wilhelm Schlegel und Friedrich Schlegel gerade die ästhetisch anspruchsvollen Texte heraus und sahen in ihnen den Ausdruck von jeweils bestimmten Lebensformen einzelner Kulturen, nicht überzeitliche Muster des Schreibens. Betont wurden jetzt die kulturellen, ideellen und gesellschaftlichen Hintergründe von Literatur, und das schloss nationale Zusammenhänge ein, die bislang nur am Rande Erwähnung fanden. Vor allem die im 19. Jahrhundert beim Lesepublikum so erfolgreichen Literaturgeschichten wie etwa die von Georg Gottfried Gervinus *Geschichte der poetischen Nationallitteratur der Deutschen* konstruierten einen engen Zusammenhang zwischen den Texten einer Sprache, so dass es nun so schien, als bestünde ein engerer Zusammenhang zwischen dem mittelhochdeutschen *Nibelungenlied* und Goethe als etwa zwischen den französischen Romanen des 17. Jahrhunderts oder den englischen Theaterstücken des 18. Jahrhunderts und den Romanen und Dramen Goethes. Das war nicht unbedingt nationalistisch gemeint. Aber die Nation war die historische Perspektive, die den Zusammenhang zwischen den poetischen Texten garantierte. Das Musterhafte von Texten, das früheren Literaturgeschichten so wichtig war, wich nun einer Hochschätzung gerade der originellen und innovativen Werke der Literatur. Sie hatten literaturhistorischen Ausnahmerang; ihnen widmete man die meiste Aufmerksamkeit und die meisten Seiten in den Literaturgeschichten. Der Literaturhistoriker Gervinus formuliert diesen neuen Anspruch an die moderne Literaturgeschichte beispielhaft:

> Er zeigt uns nicht eines Gedichtes, sondern aller poetischen Produkte Entstehung aus der Zeit, aus dem Kreise ihrer Ideen, Taten und Schicksale, er weist darin nach, was diesen entspricht oder widerspricht, er sucht die Ursachen ihres Werdens und ihre Wirkung nach und beurteilt ihren Wert hauptsächlich nach diesen, er vergleicht sie mit dem Größten der Kunstgattung gerade dieser Zeit und dieser Nation, in der sie entstanden, oder, je nachdem er seinen Gesichtskreis ausdehnt, mit den weiteren analogen Erscheinungen anderer Zeiten und Völker.
> (Gervinus 1835, 181f.)

Sehr bald schon kamen in der zweiten Hälfte des 19. Jahrhunderts unterschiedliche Richtungen und Schulen der Literaturgeschichtsschreibung auf, die den Zusammenhang der Texte ganz unterschiedlich konstruierten. Die einen betonen objektive Gesetzmäßigkeiten, nach denen sich die Literatur entwickle, andere stellen ideelle Gründe für das Entstehen literarischer Künste heraus, wieder andere verweisen auf die sozialen Bedingungen von Literatur oder allgemein auf die kulturellen Voraussetzungen von Literatur.

Auch wenn es heute nicht mehr das eine Konzept der Literaturgeschichtsschreibung gibt, sondern mehrere Modelle nebeneinander stehen, so gelten für diese doch die folgenden Prinzipien:

1. *Historizität als Verlaufsform*: Literaturgeschichtsschreibung ist heute zuerst an historischen Prinzipien orientiert, nicht mehr an solchen des Musterhaften. In Literaturgeschichten wird aufgenommen, was als historisch bedeutsam gilt. Das schließt das Musterhafte nicht ganz aus, rückt es aber in die zweite Reihe.
2. *Fokussierung des Gegenstandsbereichs*: Literaturgeschichten sind primär auf die schöne Literatur konzentriert. Das war in den älteren Literaturgeschichten gerade noch nicht so. Hier spielten gelehrte Texte oder die moralische Vorbildlichkeit des Autors eine größere Rolle, so dass auch die nicht im engeren Sinn poetischen Texte Berücksichtigung fanden.
3. *Ausweitung des Kontextes*: Heute gibt es nicht mehr den einen, alles erklärenden Kontext. In welcher Perspektive Texte zu Literaturgeschichten angeordnet werden, dafür gibt es ganz unterschiedliche Möglichkeiten der Kontextualisierungen, die es so in vormodernen Literaturgeschichten noch nicht gab.
4. *Funktionswandel der Literaturgeschichte*: War in früheren Zeiten Literaturgeschichtsschreibung vor allem ein gelehrtes Unternehmen für wenige, so gehört seit dem 19. Jahrhundert Literaturgeschichte zur bürgerlichen Kultur hinzu. Wir sind es mehr oder minder gewohnt, Literatur nach literaturhistorischen Prinzipien einzuordnen.

Prinzipien der modernen Literaturgeschichte

3 Zur Systematik der Literaturgeschichte

Heute kann man Literaturgeschichte nach ganz unterschiedlichen Mustern ordnen, so dass sich die Frage aufdrängt, ob es dann beliebig sei, wie man Literatur zu einer Geschichte anordnet oder ob es nicht doch Argumente für bestimmte Konzepte der Literatur-

Lücken in modernen Literaturgeschichten

Kapitel 2 — Grundbegriffe der Literaturgeschichte

geschichte gibt, die einer modernen, zugleich historisch und wissenschaftlich argumentierenden Welt plausibler erscheinen. Auf diese Frage eine Antwort zu geben, gelingt besser, wenn man sich fragt, was viele, auch heutige Literaturgeschichten gerne auslassen.

1. Da ist einmal der Leser. Fast alle Literaturgeschichten sind solche der Autoren und Werke und vergessen darüber den Leser.
2. Ausgeblendet und abgewertet wird zweitens die populäre Literatur, ob es beispielsweise die Räubergeschichten im 18. Jahrhundert oder die Heftromane im 20. Jahrhundert sind.
3. Drittens neigen viele Literaturgeschichten zur Annahme, die Geschichte der Literatur habe eine Richtung, etwa die, immer besser Subjektivität auszudrücken.

Die vorliegende Literaturgeschichte versucht diese Fehler nicht zu machen. Literaturgeschichte muss immer auch eine der Leserinnen und Leser sein. Die vielgelesene Literatur gehört zu ihrem Gegenstandsfeld. Und eine Richtung hat die Literaturgeschichte wie alle kulturellen Entwicklungen nur sehr allgemein. Man könnte diese Richtung als kulturelle Evolution bezeichnen. Einmal gefundene Kulturtechniken gehen nur selten ganz verloren. Die Komplexität von Kultur nimmt über einen langen Zeitraum betrachtet zu.

Grundlinien dieser Literaturgeschichte

Aber damit ist nur negativ gesagt, was eine Literaturgeschichte leisten könnte. Positiv gilt es, auf den nächsten mehr als hundert Seiten ein etwas anderes Bild der deutschen Literatur und ihrer historischen Zusammenhänge zu zeichnen, das diese Fehler vermeidet. Daher gilt:

Literarische Kommunikation

1. Für eine Literaturgeschichte der literarischen Kommunikation: Diese Literaturgeschichte fragt immer nach dem Autor ebenso wie nach dem Text und dem Leser. Sie fragt, welche Funktionen sie verbindet. Diesen Funktionszusammenhang von Autor, Text und Leser nennen wir literarische Kommunikation. Er steht hier im Mittelpunkt der Darstellung.

Historizität

2. Strikte Historizität: Man kann, wie wir gesehen haben, Literatur in sehr unterschiedlichen Perspektiven anordnen. Hier wird vorgeschlagen, strikt nach dem historischen Prinzip vorzugehen, also zu beschreiben, wie zu einer bestimmten Zeit bestimmte historische Akteure genau diese Texte für die damals lebenden Leserinnen und Leser geschrieben haben und ob ihnen diese Texte etwas sagen sollten. Manchmal haben wir den Eindruck, dass uns selbst sehr alte Texte unmittelbar etwas mitzuteilen

scheinen und so etwas wie eine überzeitliche Wirkung entfalten. Was in dieser Literaturgeschichte aber im Zentrum steht, ist der historische Zusammenhang, in dem ein Text gewirkt hat, nicht seine Originalität und Innovationskraft oder das, was uns überzeitlich vorkommt. Wir werden noch sehen, dass dies die Auffassung einer bestimmten, sehr modernen literaturhistorischen Epoche ist, der des 19. Jahrhunderts.

3. Systematik der Epochen: Es gehört fast schon zum guten Ton, zu behaupten, Epochen seien nur Konstrukte. Das ist ungenau. Epochen sind Teil-Zeiträume der Literatur, deren Gemeinsamkeiten sie von den angrenzenden Teil-Zeiträumen tatsächlich unterscheiden bzw. in denen eine bestimmte literarische Kommunikation dominiert. Anzugeben sind daher die Merkmale, die solche historisch unterscheidbaren Gemeinsamkeiten ausmachen. Anzugeben sind ferner auch die Unterschiede zu anderen Epochen. Thema wird daher immer wieder die Problematik wie die Möglichkeiten der Bestimmung von Epochen sein, weil sie helfen, Literatur in ihren historischen Zusammenhängen besser zu verstehen. Auf das Verständnis dieses Zusammenhangs kommt es an.

Epochensystematik

4. Literaturgeschichte braucht makrohistorische Annahmen: Warum GOETHES *Werther* nicht um 1150 geschrieben werden konnte, das will verstanden sein. Dazu kann man verschiedene Erklärungsmodelle heranziehen. Hier wird zunächst immer wieder betont, dass historisch nur Individuen handeln, es also kein verborgenes Prinzip der Literatur oder Literaturgeschichte gibt, das die Zusammenhänge zwischen den Texten herstellt. Zugleich lassen sich historische Großformationen unterscheiden, die erklären, warum etwa die Anfänge der deutschsprachigen Literatur in Klöstern liegen und nicht etwa in Städten und ihre Autoren Mönche sind und nicht verträumte Spaziergänger, die viel in Museen flanieren. Es gibt, so die Annahme, Grundlinien der Entwicklung von Kultur, die keine verborgenen Prinzipien sind, sondern benennbare Ursachen, warum sich literarische Kommunikation gerade so entwickelt hat, wie wir sie beobachten und zu einer Literaturgeschichte verdichten können. Danach lassen sich drei Großepochen unterscheiden, die Literatur des Mittelalters, die der Frühen Neuzeit und die der Neuzeit. Damit ist nicht gesagt, dass sich die Autoren etwa als mittelalterliche Autoren verstanden hätten. Die Makroepochen Mittelalter, Frühe Neuzeit und Neuzeit sind nachträgliche Zusammenfassungen

Makrohistorische Annahmen

Kapitel 2 — Grundbegriffe der Literaturgeschichte

von Merkmalen der literarischen Kommunikation, die so nicht unbedingt von den Autoren und ihren Lesern wahrgenommen wurden. Im Rückblick lassen sich aber an den überlieferten Texten, den Geschichten und Funktionen, die Autoren und Leser verbunden haben, Merkmale identifizieren, die diese größeren Zeiträume deutlich unterscheidet.

Deutsche Literatur vs. Literatur in Deutschland

5. Deutsche Literatur vs. Literatur in Deutschland: In den deutschsprachigen Ländern wurden viele Texte geschrieben und gelesen. Viele davon waren nicht in deutscher Sprache abgefasst, ja die meisten waren es gerade nicht. Die Gelehrten bedienten sich des Lateinischen, die Höfe sprachen gerne Französisch und auf den Bühnen wurde auf Italienisch gesungen. Eine deutsche Literaturgeschichte muss sich daher immer bewusst sein, wie sich die Texte in deutscher Sprache zu denen in anderen Sprachen verhalten, die vielfach für ihre Zeit weitaus bedeutsamer waren.

Schauen wir genauer hin, welches die Autoren, Texte und Leser waren und sind, was ihre literarische Kommunikation ausmacht, was jeweils für eine bestimmte Zeit das Typische und was das jeweils Andersartige und Besondere dieser Autoren, Texte und Leser ist, die wir zu einer deutschen Literaturgeschichte zusammengefügt haben, als bestünde zwischen ihnen ein Zusammenhang, den nicht erst wir erfunden haben.

FRAGEN
1. Nach welchen Prinzipien wurden in älteren Literaturgeschichten Texte ausgewählt und angeordnet?
2. Welche Besonderheiten bestimmen die Tradition der europäischen Literaturgeschichtsschreibung?
3. Was sind Epochen?
4. Welche Probleme sind mit einer nationalsprachlich orientierten Literaturgeschichte verbunden?

Die Literatur des Mittelalters 3

1 Die althochdeutsche Literatur

Literaturgeschichte zu schreiben, verführt zur Dramatisierung der Epochen. Das gilt besonders für die Beschreibung ihrer Anfänge und Übergänge. Wo gleich eine ganze Literaturgeschichte beginnt wie die deutsche, da muss es ein gewaltiges Ereignis geben oder mindestens ein außergewöhnlicher Text am Anfang der Geschichte stehen. Auch der Anfang der deutschen Literaturgeschichte ist immer wieder mit solchen außergewöhnlichen Texten als Dokumente eines einzigartigen Anfangs inszeniert worden. Magische Texte wie die *Merseburger Zaubersprüche* oder die Fragmente eines Heldenliedes, das *Hildebrandslied*, wurden herangezogen, um den besonderen Moment eines heiligen oder heroischen Anfangs zu inszenieren. Der Nachteil solcher Konstruktionen von Literaturgeschichte ist aber schlicht der, dass sie falsch sind. Es gibt diesen Anfang nicht, noch sind solche Texte wie die *Zaubersprüche* oder das *Hildebrandslied* repräsentativ für die ältesten literarische Kultur in deutscher Sprache. Um den richtigen Einsatzpunkt für eine Literaturgeschichte zu finden, muss man sich einige Besonderheiten der mittelalterlichen Welt und ihrer Literatur vor Augen stellen.

Inszenierungen eines literaturhistorischen Anfangs

Die deutsche Literaturgeschichte hat keinen genauen Anfang, und das aus gleich mehreren Gründen:

Die Kontinuität des Mittelalters

1. Zum einen gab es niemanden im Mittelalter, der sich selbst als ‚mittelalterlich' bezeichnet hätte und daher einen Anfang zu bestimmen versucht hätte. (Die Bezeichnung ‚Mittelalter' ist eine spätere, durchaus abschätzig gemeinte Erfindung der Humanisten im 15. und 16. Jahrhundert, um ihren neuen Selbstanspruch durchzusetzen.) Tatsächlich sah man sich in der Kontinuität zum römischen Reich. Dieses Selbstverständnis einer Fortsetzung fand ihren Ausdruck in Formulierungen, wonach man im „Heiligen Römischen Reich deutscher Nation" lebe. Die römische Kaiserwürde sei zunächst auf die oströmischen Kaiser übergegangen, dann in der Erneuerung des Reiches durch Karl den Grossen auf die Franken und schließlich mit der Kaiserkrönung Otto des Grossen 962 in Rom auf die Herrschaft der Ottonen. Eine solche Vorstellung von der *Translatio imperii*, der Weitergabe des Reiches, war bestimmend und entsprach der christlichen Vorstellung von der Folge der Weltalter, nach der die römische Welt durch die Christianisierung fortgeführt und zugleich zur christlichen Wahrheit gefunden hätte. Auf dieses Zeitalter könne

Kapitel 3   Die Literatur des Mittelalters

dann nur noch das der Wiederkunft Christi und damit das Ende der Welt folgen. Es gab also gar nicht die Vorstellung vom Mittelalter, wie sie uns heute geläufig ist. Bestimmend war vielmehr die Vorstellung einer Kontinuität. Damit entfiel aus Sicht der zeitgenössischen Akteure jedes Bedürfnis, einen Anfang für die eigene Sprache und Literatur, Kultur und Herrschaft zu behaupten.

Probleme der Überlieferung

2. Schreiben war im Mittelalter eine Tätigkeit, die nur wenige beherrschten. Damit ist auch gesagt, dass nur weniges überhaupt – sei es auf Pergament oder dann auch auf Papier – aufgezeichnet wurde. Die schriftlichen Zeugnisse sagen daher bestenfalls etwas über die Schriftkultur des Mittelalters aus. Den größten Teil der mittelalterlichen Literatur aber, der mündlich tradiert und vorgetragen wurde, kennen wir damit nicht. Wie groß und umfangreich diese mündliche Literatur war, welcher Gattungen sie sich bedient hat und wie sie sich zur Schriftkultur verhält, das lässt sich gerade einmal ansatzweise an Andeutungen in den schriftlichen Zeugnissen erahnen. Wenn schon zwischen dem ältesten Zeugnis germanischer Heldensagen in deutscher Sprache, dem zu Beginn des 9. Jahrhunderts niedergeschriebenen *Hildebrandslied*, und dem nächsten Zeugnis der Heldenepik, dem um 1200 aufgezeichneten *Nibelungenlied*, 300 Jahre liegen, kann man ermessen, wie viel wir gerade nicht über die mittelalterlichen Literatur wissen. Dazu kommen dann auch noch Verluste in erheblichem Umfang. Da die Handschriften Einzelstücke waren, ist die Überlieferung vielfach lückenhaft, ohne dass genau zu sagen wäre, wie groß diese Lücken sind, fragmentarisch, ohne dass immer der vollständige Text irgendwo zu finden ist und oft genug auch zufällig, so dass niemand hinreichend genau bestimmen kann, wie groß die Verluste beziehungsweise wie repräsentativ die überlieferten Textzeugnisse für die mittelalterlichen Literatur tatsächlich sind. Aus den überlieferten Handschriften kann also gar nicht erschlossen werden, wie und wo genau die deutsche Literatur ihren Anfang nahm.

Dominanz der lateinischen Literatur

3. Texte in deutscher Sprache waren die Ausnahme, die Regel dagegen Texte in lateinischer Sprache. Denn Latein war die Sprache Roms wie die Sprache des Christentums. Das Grundbuch war die lateinische Bibel, die *Vulgata*. Schreiben konnten zunächst fast ausschließlich Mönche, die in den Klosterschulen das Lateinische erlernt hatten. Eine allen gemeinsame deutsche Literatursprache gab es lange nicht, so dass, wer schreiben konnte, sich in

der Regel des Lateinischen bediente. Kurz, die deutsche Literatur ist der Ausnahmefall in der lateinischen Literatur. Wenn daher von Anfängen der deutschen Literatur gesprochen wird, dann ist das schon ungenau. Die mittelalterliche Literatur ist vor allem eine lateinische. Auch für das ‚Römische Reich deutscher Nation' ist sie die maßgebliche und läuft seit der Antike scheinbar ungebrochen weiter.

Die deutsche Literatur fängt daher nicht mit einem außergewöhnlichen Textzeugnis an. Sie fängt fast beiläufig zwischen den lateinischen Zeilen an. Vieles, was uns aus den ersten Jahrhunderten der deutschen Literatur bekannt ist, verdankt sich eher dem Zufall.

Eine Literatur zwischen den Zeilen

Von den germanisch-heidnischen Liedern oder Versen ist nichts überliefert, auch wenn wir aufgrund griechischer und römischer Erwähnungen annehmen müssen, dass Merkverse und Arbeitslieder, Stammessagen, Heldenlieder und Schlachtengesänge und magische Sprüche eine Rolle gespielt haben dürften. Die ersten überlieferten Zeugnisse sind Glossare. Das sind deutsche Erklärungen einzelner Wörter oder Sätze, die an den Rand lateinischer Texte notiert wurden, wohl um sich der richtigen Übersetzung des Lateinischen zu versichern. Solche Glossen, Vokabulare und zwischen die lateinischen Zeilen geschriebenen deutsche Übersetzungen (Interlinearversionen) sind in mehr als tausend Handschriften schon aus althochdeutscher Zeit überliefert. Das älteste deutsche Buch überhaupt ist ein Glossar, das Buch *Abrogans* [bescheiden] aus der Mitte des 8. Jahrhunderts. Weitere Textzeugnisse sind deutsche Übersetzungen lateinischer Fassungen religiöser Texte wie dem Glaubensbekenntnis und Vaterunser, Bibelübersetzungen, theologische Gebrauchstexte, Rechtstexte dann auch und Übersetzungen für den Schulgebrauch.

Erste Zeugnisse: Glossare zu lateinischen Texten

Allen diesen Textzeugnissen ist gemeinsam, dass sie nur innerhalb der lateinischen Textkultur eine Bedeutung haben und einer der zentralen Funktionen der mittelalterlichen Literatur entsprechen: der Christianisierung zu dienen. Abgefasst sind sie in einer Sprache, die man als „Althochdeutsch" (ahd.) bezeichnet:

Althochdeutsch (ahd.)

Kapitel 3   Die Literatur des Mittelalters

> **DEFINITION**
>
> *Althochdeutsch ist eine Sammelbezeichnung für eine Gruppe westgermanischer Sprachen zwischen 750 und 1050, die südlich der norddeutschen Tiefebene, der sog. Benrather Linie, gesprochen wurden und sich vom Altsächsischen (auch Altniederdeutschen) unterscheiden. Diese Dialekte unterscheiden sich von anderen westgermanischen Sprachen durch die Zweite (auch Hochdeutsche) Lautverschiebung, einem etwas anderen Wortschatz und Besonderheiten ihrer Grammatik.*

Minuskeln und Pergament

Geschrieben wurden diese Texte mit einer Schrift, die man die karolingische Minuskel nennt. Das ist eine gut lesbare Schrift aus Kleinbuchstaben, die im Umfeld KARLS DES GROSSEN besonders durch den Abt ALKUIN VON YORK eingeführt und im Frankenreich verbindlich gemacht wurde, um die kaum noch lesbaren unterschiedlichen Schriften des Reiches zu vereinheitlichen. Sie war das Vorbild auch für die gotische Schrift und die Kleinbuchstaben des Humanismus und prägte so das Schriftbild viele Jahrhunderte. Geschrieben wurden die Texte überwiegend auf Pergament, einer leicht bearbeiteten Tierhaut.

Kodex und Scriptorien

Die Pergamentseiten wurden in Lagen zu einem Buch zusammengefasst und durch Buchdeckel geschützt. Das zusammen ist dann ein Kodex. Dieses herzustellen, war aufwendig; die Seiten zu beschreiben, meist mit zugeschnittenen Federn etwa von Gänsen, dem Gänsekiel, und einer Tinte aus Ruß oder Dornenrinde, musste gelernt sein. Der Ort, wo alle diese Fertigkeiten zusammenkamen, waren die Schreibstuben, die Scriptorien der Klöster. Sie allein sind der Ort der ersten textlichen Zeugnisse in einer deutschen Sprache.

Das *Hildebrandslied*

Legt man einen engeren Begriff von Literatur zugrunde und sucht nach Texten, die eine erkennbare formale Durchgestaltung aufweisen und zugleich in einer deutschen Sprache geschrieben sind, dann finden sich im Vergleich zu den religiösen Texten, die nur zusammen mit dem Lateinischen eine Bedeutung haben, nur wenige Zeugnisse – und das auch erst seit dem 9. Jahrhundert. Das früheste Zeugnis für eine solche althochdeutsche Literatur, ist das *Hildebrandslied*. Es ist nur durch einen Zufall in einer unvollständigen Fassung überliefert und dürfte um 830 in einem Kloster in Fulda abgefasst worden sein. In 68 Langversen schildert es die heroische Begegnung zwischen dem Vater Hildebrand, der als Heerführer im Dienst des legendenhaft überhöhten DIETRICH VON BERN auf seinen Sohn Hadubrand trifft, welcher ihm mit einem feindlichen Heer gegenüber tritt.

Der Vater gibt sich zu erkennen, doch hält dies der Sohn für eine List und verhöhnt ihn. Hier bricht das Fragment ab. Vermutlich stirbt in dem unvermeidlich gewordenen Kampf der Sohn. Der Heroismus der tragischen Konstellation, in der der Vater gegen seinen Willen seinen eigenen Sohn töten muss, hat zu vielen Spekulationen gerade auch über das ‚Deutsche' eingeladen, seit dem die Brüder GRIMM den Text erstmals 1812 ediert haben. Doch dürfte der Text eher im Zusammenhang mit der Überführung von Reliquien nach Fulda gekommen und von einem Schreiber auf frei gebliebenen Seiten eines Kodexes abgeschrieben worden sein. Was der Text genau damals bedeutet haben, lässt sich heute nicht mehr sagen. Wir müssen uns vorstellen, dass Texte dieser Art gesungen vorgetragen wurden. Die Stabreimverse, also Verse, deren Anlaute von Hebungssilben sich gleichen („híltibrant enti háđubrant untar hériun túem [Hildebrand und Hadubrand, (allein) zwischen ihren beiden Heeren]", V. 3), sind kunstvoll mit je zwei Hebungen pro Halbvers einer Zeile gebaut und zu An- und Abversen gegliedert. Sie verweisen für seine damaligen Zuhörer möglicherweise auf eine stilisierte Archaik. Denn schon im 9. Jahrhundert beginnt sich das Prinzip des Endreims durchzusetzen, das eng mit dem Christentum verknüpft ist und damit neuer erscheint.

Deutlich wird am *Hildebrandslied* ein wichtiges Prinzip der mittelalterlichen Literatur, das Wiedererzählen. Ein vorgegebener Stoff, hier aus dem Sagenkreis um DIETRICH VON BERN, wird aufgegriffen, abgeschrieben und dadurch aufbewahrt. Das Wiedererzählen soll den Stoff möglichst unverfälscht bewahren und gewinnt daraus seine Würde.

Wiedererzählen als Prinzip mittelalterlicher Literatur

Ein vergleichbares Prinzip des Aufschreibens dürfte auch für die *Merseburger Zaubersprüche* gelten. Dabei handelt es sich um zwei kurze, ebenfalls eher zufällig überlieferte Texte in einer theologischen Handschrift, die dem Merseburger Domkapitel gehörte. Hier wurden sie 1841 entdeckt und 1842 von JACOB GRIMM herausgegeben. Als einzig erhaltene Zeugnisse der heidnisch-germanischen Religionswelt in althochdeutscher Sprache mussten sie die Aufmerksamkeit der Romantiker auf sich ziehen, weil sie scheinbar verlässliche Zeugnisse einer untergegangenen Welt sind. Wahrscheinlich ist aber auch hier, dass Mönche wohl auch im Kloster Fulda auf frei gebliebenen Pergamentseiten diese ihnen fremden Zeilen aufgeschrieben haben. Einmal handelt es sich um einen Zauber zur Befreiung von Gefangenen, im zweiten Text um einen zur Heilung von Pferden.

Merseburger Zaubersprüche

Kapitel 3 — Die Literatur des Mittelalters

Beide Sprüche sind ähnlich dem *Hildebrandslied* zweigliedrig aufgebaut und verweisen auch in ihrer Form auf die vorchristliche Welt. Sie haben einen erzählenden Einleitungsteil (*historiale*), der ein früheres Ereignis schildert. Auf ihn folgt die eigentliche magische Beschwörung (*incantatio*) in Form eines Analogiezaubers (*So wie damals ... so soll auch jetzt ...*).

> Eiris sâzun idisi   sâzun hera duoder.
> suma hapt heptidun   suma heri lezidun
> suma clûbôdun   umbi cuoniouuidi
> insprinc haptbandun   inuar uigandun
>
> Einst saßen Frauen,   setzten sich hierher [und] dorthin.
> Einige banden Fesseln,   einige hielten das Heer auf,
> einige lösten ringsumher   die (Todes)Fesseln:
> Entspringe [dem] Fesselband,   entflieh den Feinden!

In der Form ihrer Verse stellen die *Zaubersprüche* Texte des Übergangs dar – die Langzeilen zeigen teils Stabreime, teils schon den Endreim, der in der christlichen Dichtung des 9. Jahrhunderts erfunden und dann immer bestimmender wurde.

Altsächsische Genesis und *Heliand*

Doch alle diese gerade von der romantischen Philologie des 19. Jahrhunderts so hoch geschätzten Texte repräsentieren nicht die typische althochdeutsche Literatur, trotz ihrer Suggestion eines ersten vorchristlichen, weil archaisch anmutenden Anfangs. Typisch für die Literatur sind vielmehr Texte, die im Dienst der Christianisierung stehen, wie etwa die *Altsächsische Genesis* oder das altsächsische Großepos *Heliand*. Beide sind in niederdeutscher Sprache abgefasst, der Sprache der Siedlungsgebiete der Sachsen und Angeln im nördlichen Deutschland, und haben sehr wahrscheinlich eine klare Funktion. Sie sollten die Bibel, das Alte und das Neue Testament, in die Volkssprache übertragen und an die Vorstellungswelt der Leser anpassen. Verwendet werden daher auch hier die vorchristlichen Langverse in Stabreimen. Erzählt wird das Leben Jesu Christi so, als wäre Jesus ein Herzog und hätte Gefolgsleute – seine Jünger – um sich. Es spricht vieles dafür, dass diese Werke im Dienst der intensiven karolingischen christlichen Mission standen und man lateinische Zusammenstellungen der Evangelien, sogenannte Evangelienharmonien, als Vorlage benutzt hat.

1 Die althochdeutsche Literatur

Der selben Funktion der Christianisierung dient auch das althochdeutsches Bibelepos, das *Liber evangeliorum*, im südrheinfränkischen Dialekt geschrieben, gegliedert in fünf Bücher und 140 Kapitel mit insgesamt 7.104 Versen. Geschrieben hat es der erste namentlich bekannte Autor der deutschen Literatur, der Mönch OTFRID VON WEISSENBURG (um 800–nach 870), vermutlich für eine leseunkundige Oberschicht. OTFRID erzählt nicht nur die biblischen Geschichten, er liefert auch gleich einen Kommentar mit. Wie in anderen althochdeutschen Texten auch finden sich über den Verszeilen kleine Striche. Das sind Hinweise für den gesungenen Vortrag dieser Evangeliendichtung, denn wie fast alle Texte war auch dieses Buch für den mündlichen Vortrag geschrieben. Seine Form, die Reimpaarverse, bestehend aus zwei zu einer Verszeile zusammengefassten kurzen, nur vierhebigen Versen, sind der lateinischen Hymnendichtung entlehnt und weichen so deutlich von der heidnischen Sprache ab, dass Form und Inhalt den christlichen Deutungsanspruch hervorheben. OTFRID betont auch ausdrücklich, dass er gegen die schmutzigen Lieder der Laien in seiner fränkischen Sprache Gott loben wolle. Zum ersten Mal wird hier einer deutschen Sprache, dem Fränkischen, der Rang zuerkannt, eine Literatursprache zu sein:

Der erste namentlich bekannte Autor: OTFRID VON WEISSENBURG

> Ziu sculun Fránkon so ih quád   zi thiu éinen wesan úngimah
>   thie líut es wiht ni duáltun   thia wir hiar óba zaltun
> Sie sint so sáma chuani   sélb so thie Románi
>   ni thárf man thaz ouh rédinon   thaz Kríachi in thes giwídaron
> Sie éigun in zi núzzi   so sámalicho wízzi
>   in félde joh in wálde   so sint sie sáma bald
>
> Weshalb sollen die Franken, so sage ich, dies nicht allein können,
>   wenn die Völker darin nicht zögerten, die ich erwähnt habe?
> Sie sind doch ebenso tapfer wie selbst die Römer:
>   noch darf man außerdem behaupten, dass die Griechen ihnen
>   in dieser Hinsicht gewachsen seien.
> Ihnen stehen die gleichen Geistesgaben zu Gebote.
>   In Feld und Wald sind sie ebenso kühn.
>   (OTFRID VON WEISSENBURG, Liber evangeliorum, I, 1, 57–62)

Geschriebene Texte bilden bis zum 11. Jahrhundert noch keinen kontinuierlichen Zusammenhang, erst recht nicht solche in deutscher Sprache. Im 10. Jahrhundert sind so gut wie keine deutschsprachigen Texte überliefert. Das wichtigste Werk dieses Jahrhun-

HROSVIT VON GANDERSHEIM

derts wurde von einer Kanonisse im Stift Gandersheim, der HROSVIT VON GANDERSHEIM (um 935–nach 973) in lateinischer Sprache geschrieben: Lesedramen und historische Werke. Dass Frauen schrieben, war nicht so ungewöhnlich, wie es uns erscheinen mag. Entscheidend für die Fähigkeit, Schreiben zu können, war zuerst die Einbindung in die Welt des Klosters. Diese Fähigkeit musste mühevoll eingeübt werden.

NOTKER III.

Das vielfältige Übersetzungswerk des St. Gallener Mönchs und Leiters der dortigen Klosterschule NOTKER III. (auch Notker Labeo oder Notker Teutonicus genannt, um 950–1022) dient dieser auch körperlich anstrengenden Arbeit am Schreiben und Lesen. Wie NOTKER am Ende seines Lebens in einem lateinischen Brief bekennt, war es ihm darum zu tun, die lateinischen Bücher der Christenheit, allen voran die Bibel, in die Muttersprache zu übersetzen und zu kommentieren, Abhandlungen über Rhetorik, Grammatik und Philosophie zu schreiben und zu übersetzen, um die christliche Lehre überhaupt verständlich zu machen. Entsprechend bemüht ist NOTKER den passenden althochdeutschen Ausdruck zu finden und eine möglichst genaue, für den Schulgebrauch geeignete Schreibweise einzuüben.

Zusammenfassung

In der Summe lässt sich erkennen, dass es genau genommen keinen Anfang der deutschen Literatur gibt. Vielmehr steht die deutsche Literatur zwischen den Zeilen des Lateinischen, dient der Übersetzung der christlichen Vorstellungswelt in eine vielfach noch nicht christianisierte Umwelt. Ihre Autoren und Schreiber sind Mönche, ihre Leser sind zumeist illiterate Angehörige der Oberschicht, denen die christliche Lehre vermittelt werden musste, oder auch Mönche und Nonnen, die im christlichen Glauben zu belehren waren und in den Klosterschulen erst selbst schreiben und lesen lernen mussten. Bestimmend sind daher religiöse Texte, die für den mündlichen Vortrag geschrieben worden waren und eine hohe metrische und formale Strukturierung aufweisen, die zwar lateinischen und gelegentlich auch vorchristlichen Vorbildern entlehnt ist, aber berechtigt, hier von Literatur in einem engeren Sinn zu sprechen. Dass dazwischen auch heldische Epik überliefert wurde, die vielleicht der heroischen Selbstverständigung der weltlichen Oberschicht gedient haben könnte und ihrerseits möglicherweise auf die Liedtradition der vorchristlichen Kriegerkaste zurückgeht, ist da eher ein Randphänomen.

- Es gibt keinen Nullpunkt der deutschen Literaturgeschichte.
- Die althochdeutsche und frühmittelhochdeutsche Literatur ist der Ausnahmefall in der lateinischen Überlieferung.
- Es dominieren religiösen Werke in lateinischer Sprache.
- Die an Vorstellungen der vorchristlichen Welt angelehnten Texte sind eher zufällig überliefert.
- Träger der Textkultur sind die Klöster.
- Die Bücher wurden mündlich vorgetragen, nicht wie heute gelesen.
- Die Texte weisen eine hohe metrische und teilweise auch rhetorische Durchgestaltung auf.

2 Die mittelhochdeutsche Literatur

Wie wenig die Literatur des Mittelalters einen festen Zusammenhang bildet, geht auch daraus hervor, dass fast 150 Jahre lang so gut wie keine Texte in deutscher Sprache überliefert sind und wahrscheinlich auch kaum abgefasst sein dürften. Jedenfalls setzt erst um 1050 eine Überlieferung erneut ein, die dann ihrerseits keine Verbindung mehr mit der althochdeutschen Literatur aufweist. Wir nennen diese Literatur zwischen 1050 und 1150 die frühmittelhochdeutsche Literatur, denn sie ist nicht nur in einer anderen Sprache, in Varietäten und Vorläufern des Mittelhochdeutschen geschrieben worden, sondern zeigt auch thematisch und formal eine Eigenständigkeit im Vergleich mit der althochdeutschen Literatur. Es handelt sich fast ausschließlich um geistliche Literatur von zumeist unbekannten Autoren, die wohl überwiegend in Klöstern und Stiften geschrieben haben und ihr Schreiben in den Dienst einer Intensivierung des Glaubens stellen. Sie vermitteln die biblische Heilsgeschichte und dogmatisches Wissen, rufen zur Buße auf und schreiben das Lob Mariens und der Heiligen, schreiben für Laien und für Geistliche, für Nonnen und Mönche. Sie sind nachweislich inspiriert von dem religiösen Aufbruch der Klosterreformen, wie sie sich mit dem Namen des burgundischen Klosters in Cluny und den Ordensneugründungen wie den Kartäusern und Zisterziensern verbinden. Die Glaubenswelt der christlichen Mystik gewinnt an Einfluss, während weltliche Dichtung in diesem Jahrhundert nur in lateinischer Sprache überliefert ist. Erst nach 1150 finden sich weltliche Darstellungen, etwa im *Ruodlieb*, dem ersten mittelalterlichen

Teilepoche frühmhd. Literatur (1050–1150)

Versroman, geschrieben in Latein, der noch ohne Folgen blieb und in der *Kaiserchronik*, eine der ersten Darstellungen der weltlichen Geschichte in deutscher Sprache. Christianisierung ist daher auch in dieser frühmittelhochdeutschen Teilepoche der mittelalterlichen Literaturgeschichte die zentrale Funktion dieser Literatur.

Mystik: St. Trudperter Hohelied

Zu den eindrucksvollsten Zeugnissen der frühmittelhochdeutschen Literatur zählt das *St. Trudperter Hohelied*. Das ist ein Kommentar zum biblischen Hohelied, geschrieben wohl um 1140 für ein Frauenkloster zu deren Belehrung und zur Vertiefung ihres Glaubens. Vermutlich steht der Text im Zusammenhang mit einer Klosterreform auch an diesem Ort. Denn das *Hohelied* will nicht mehr nur über den christlichen Glauben belehren, es beschreibt vielmehr in einer neuen, von der christlichen Mystik durchdrungenen Sprache die sehnsuchtsvolle Vereinigung mit Gott. Das ist unerhört neu. Zum ersten Mal in der deutschen Literaturgeschichte versucht ein Text in einer rhythmischen Kunstprosa die Vereinigung der Seele mit Gott in deutscher Sprache auszudrücken, die man schon als Frühmittelhochdeutsch bezeichnen kann, weil sie sich durch einige lautliche Besonderheiten vom Althochdeutschen zu unterscheiden beginnt. Um das auszudrücken, deutet das *Lied* die biblische Vorlage um. Der Bräutigam des alttestamentarischen Buches wird als dreieiniger Gott oder als heiliger Geist gedeutet und die Braut als Maria oder auch als gläubige Seele. Der Versuch einer mystischen Sprache gelingt auch hier erst dadurch, dass der frühmittelhochdeutsche Text in lateinische Texte eingefügt ist, die die neue Gedankenwelt der mystischen Spiritualität des Mittelalters bei RUPERT VON DEUTZ (um 1070–1129/30), HUGO VON ST. VIKTOR (1096–1141) und BERNHARD VON CLAIRVAUX (1090–1153) aufnehmen. Das Schriftbild unterstreicht auch hier die Botschaft. In der Mitte steht in größeren Buchstaben der lateinische Text des Hohenliedes, umgeben links auf der Seite von einem lateinischen Kommentar, einer frühmittelhochdeutschen Übersetzung rechts und einer darunter geschriebenen Kommentierung in einer Mischung aus Frühmittelhochdeutsch und Latein.

Gebete und Predigt

Der Christianisierung sind auch die Übersetzungen von Gebeten verpflichtet, wie sie OTLOH VON ST. EMMERAM (um 1010–um 1070) als Leiter der Klosterschule in Regensburg neben seinen lateinischen Texten angefertigt hat. Ebenso ist es bei den Predigten, die mal Belehrung und Ermahnung, mal Trost spenden und zu Sammlungen zusammengefasst und daher auch überliefert wurden wie etwa die

Wessobrunner Predigten oder das zur Predigtvorbereitung dienende *Predigtbuch* des Südtiroler Geistlichen PRIESTER KONRAD (gest. entweder 1180 oder um 1196). Der Christianisierung dienen auch die weitverbreiteten allegorischen Naturdeutungen, die in deutscher Sprache die lateinischen Fassungen des *Physiologus*, d. h. des *Naturforschers*, übersetzen und auslegen, um aufzuzeigen, dass Pflanzen, Steine und Tiere Zeichen im Buch der Natur sind, die wiederum auf Gott verweisen.

Während dies pragmatische Texte sind, die im engeren Sinne keine Literatur sein wollen, gibt es aus der frühmittelhochdeutschen Zeit etwa 70 überlieferte Dichtungen, zumeist in paargereimten Zeilen mit freien Versfüllungen. Sie weisen neben vierhebigen auch zwei- oder drei- bis fünfhebige Verse auf. Auch haben sie keine erkennbare Verbindung mit der althochdeutschen Versdichtung, sondern stellen wohl einen Neubeginn dar, der mit der Subjektivierung der Religion zusammenhängt. Weltliche Stoffe kommen auch hier nur am Rande vor. Bestimmend sind Bibeldichtungen, Gebetsdichtungen, moraldidaktische Literatur, Literatur der Ständekritik wie die des WILDEN MANNES. Der könnte ein Kleriker gewesen sein, der gegen die Laster der Welt angeschrieben hat. Neu hervor treten die Mariendichtungen wie das erste epische Mariengedicht *Driu liet von·der maget* [*Drei Gedichte von der Jungfrau*] des PRIESTER WERNHER sowie Heiligenlegenden in größerer Zahl. Sie sind Ausdruck eines sich wandelnden Verständnisses des Christentums.

Mariendichtung

Bibeldichtungen, also Nachdichtungen biblischer Bücher wie etwa des Buchs Exodus oder das Buch Judith, finden sich vielfach. Biblische Bücher aus dem Neuen Testament waren etwa der Stoff für die Dichtungen der ersten bekannten Autorin deutscher Sprache, der AVA. Sie berichtet von sich, sie sei Mutter zweier Söhne. Vermutlich ist sie identisch mit einer Inkluse, einer radikal von der Welt ins Kloster Melk zurückgezogen lebenden Frau, die 1127 gestorben ist. Sie schreibt in einfachster deutscher Sprache über Johannes den Täufer, über das Leben Jesu, den Antichrist und das Jüngste Gericht, während beispielsweise das umfangreiche Werk der HILDEGARD VON BINGEN (1098–1179) ganz in lateinischer Sprache abgefasst ist.

AVA: erste namentlich bekannte Autorin deutscher Sprache

Ein weiteres Beispiel für diese Literatur ist das sogenannte *Ezzolied*, benannt nach seinem Dichter, dem Bamberger Kleriker EZZO, das für den gesungenen Vortrag abgefasst wurde (die Melodie ist

Ezzolied und *Annolied*

auch hier verloren). Um 1060 im Auftrag des Bischofs von Bamberg entstanden, erzählt das Lied die ganze Bibel von der Schöpfungsgeschichte angefangen bis zur Heilstat Christi nach. Dabei wird das Geschehen des Alten Testaments als typologische Vorausdeutung auf das Neue Testament verstanden und die gesamte Weltgeschichte als eine Heilsgeschichte gedeutet. Das tun auch andere Texte, etwa die *Wiener Genesis* (um 1060/80), auch das *Annolied* (um 1080), und fügen in ihr Wiedererzählen auch weltliche Geschichte und Geschichte des Reiches ein. Das *Annolied* etwa lässt die Geschichte auf die Feier des Auftraggebers, des mächtigen Erzbischofs Anno II. von Köln zulaufen. Man sieht einmal mehr, dass gerade Dichtungen in dieser Zeit Auftraggeber brauchten. Zu groß und zu teuer waren Aufwand und Kosten, um überhaupt solche Bücher herzustellen. Sie hatten daher stets Mäzene, die diese Kosten übernommen haben.

Kaiserchronik

Das – gemessen an der Zahl der überlieferten Handschriften – erfolgreichste Werk der frühmittelhochdeutschen Literatur ist die *Kaiserchronik*. Bis ins 16. Jahrhundert hinein wurde dieses Buch abgeschrieben. Auch dieser Text dürfte einen Geistlichen zum Autor haben, der wohl um die Mitte des 12. Jahrhunderts in Regensburg sein Werk beendet hat. In wessen Auftrag wissen wir nicht. Die *Chronik* behandelt anders als die übrigen Weltgeschichten ausschließlich die Geschichte des römischen Reichs von der Gründung Roms bis zur Gegenwart des Schreibers, der Zeit König Konrad III. Entlang der Abfolge der Kaiser konstruiert das Buch die bruchlose Weitergabe des römischen Reiches, die *Translatio imperii*, an die deutschen Kaiser. Das Buch ist aber nicht in unserem Sinne eine Geschichte. Es verfolgt vielmehr vor allem eine moralische Absicht. Anhand der den meisten Herrschern beigefügten exemplarischen Erzählungen will es zum richtigen Leben anleiten und nutzt dafür die lateinische Legenden- und Sagenliteratur, aber auch Stoffe der deutschen Heldensagen wie etwa die um Dietrich von Bern. Mit diesen Stoffen und Figuren wurde die *Kaiserchronik* für Jahrhunderte zu einer der Hauptquellen der Erzählliteratur. Stoffe wie die von der verfolgten unschuldigen Königin oder die von der Trennung von Kaiser und Kaiserin, die erst nach vielen Jahren miteinander und mit ihren Kinder wieder vereint werden, wurden immer wieder aufgegriffen und weitererzählt.

2 Die mittelhochdeutsche Literatur

Die mittelalterliche Literatur unterscheidet sich als Makroepoche vielfach von der ihr vorausgehenden Großepoche der antiken Literaturwelt wie auch von der ihr nachfolgenden Literatur der Frühen Neuzeit. Innerhalb der mittelalterlichen Literatur lassen sich wiederum Teilepochen unterscheiden:
▶ die althochdeutsche (um 700–um 1050),
▶ die frühmittelhochdeutsche Literatur (um 1050–um 1150) und
▶ die mittelhochdeutsche Literatur (um 1150–um 1350).

Teilepoche mhd. Literatur (1150–1350)

Anders als wir es vermuten würden, bestehen zwischen den Werken dieser Teilepochen kaum Zusammenhänge. Ein Kontinuum von aufeinander aufbauenden Werken bildet die mittelalterliche Literatur gerade nicht. Insofern setzt auch die mittelhochdeutsche Literatur nicht die frühmittelhochdeutsche Literatur fort, sondern hat ihre Vorbilder in der lateinischen, altfranzösischen und provenzalischen Literatur.

Diskontinuität der mittelalterlichen Literatur

Man nennt diese Literatur nach 1150 auch die höfische Literatur, denn ihr Ort ist nicht mehr das Kloster, sondern der Hof. Die literarische Kommunikation spielt sich an den verschiedenen Fürsten- und Bischofshöfen ab. Das Publikum dieser Literatur sind nicht mehr Mönche und Nonnen, sondern die Spitze der Feudalgesellschaft, die Ritter. Ihre Autoren gehören diesen Höfen an, sind gleichwohl öfters dennoch Kleriker wie vermutlich etwa HEINRICH VON VELDEKE oder GOTTFRIED VON STRASSBURG. Ihre Stoffe sind nicht mehr geistliche, sondern höfische Stoffe, hochstilisierte Darstellungen der ritterlichen Welt, die wenig mit der feudalen Wirklichkeit ihrer Zeit zu tun haben. Sie entwerfen ein Ideal ritterlichen Lebens entlang der Vorstellung des christlichen Ritters, des *miles christianus*, der sich durch Tugenden wie *zucht, mâze, milte, güete, kiusche, êre* auszeichnet, oft auch durchmischt mit Vorstellungen eines heroischen älteren Zeitalters und antiken Romanmustern. Grundfunktion dieser Literatur ist hier zuerst die der Feudalisierung, dann erst die der Christianisierung.

Höfische Literatur

Stilisiert ist auch die Sprache dieser Literatur, das Mittelhochdeutsche. Denn es ist keine gesprochene Sprache, sondern eine Literatursprache:

Mittelhochdeutsch

Kapitel 3 Die Literatur des Mittelalters

> **DEFINITION**
>
> *Mittelhochdeutsch ist eine Sammelbezeichnung für hochdeutsche Varietäten in uneinheitlicher Schreibung und Lautung zwischen 1050–1350. Es beruht auf schwäbischen und ostfränkischen Dialekten, den Dialekten des Herkunftsgebiets der Staufer. Im engeren Sinn bezeichnet Mittelhochdeutsch die stilisierte, bewusst überregional gebrauchte Sprache der höfischen Literatur. Für diese Sprache wurde im 19. Jahrhundert im Nachhinein eine vereinheitlichende Orthographie geschaffen, das normalisierte ‚Mittelhochdeutsch', in dem seither viele Neuausgaben der alten Texte geschrieben werden.*

Charakteristika der mittelhochdeutschen Literatur

Diese Sprache ist auch deshalb betont anders als die Sprache der Texte aus den vorangegangenen Teilepochen der mittelalterlichen Literatur, weil sie höfische Ausdrücke aus dem Altfranzösischen, Provenzalischen und später auch des Mittelniederländischen herausstellt, Ausdrücke wie etwa *âventiure, harnasch, lanze, prîs [Ruhm], parlieren, turnier* oder auch *ritter, knappe, tanz* u. a. Ihr Anspruch, eine Literatursprache sein zu wollen und nicht mehr nur ein Behelfswerkzeug zur Verbreitung des christlichen Glaubens, geht auch aus der wachsenden formalen Regelmäßigkeit dieser Sprache hervor, dem Zurückdrängen der Senkungsfreiheit der Verse, dem Bemühen um dialektfreie Reime, dem gehobenen höfischen Ton, der komplexen Syntax und dem rhetorischen Schmuck, der allen diesen Texten eigen ist. So kommt es zu einem Nebeneinander von lateinischer und mittelhochdeutscher Literatur, ‚schöner' mittelhochdeutscher Literatur und religiöser lateinischer Gebrauchsliteratur. Vorbild sind auch hier die Bemühungen um eine Literatursprache im Altfranzösischen und Provenzalischen.

Die ‚höfische Klassik' 1190–1230

Der Wandel von der unselbständigen, vielfach zufälligen Überlieferung zu einer eigenständigen höfischen Kultur der Literatur, der Wandel in der literarischen Kommunikation vom Kloster zum Hof, der Wandel der Stoffe und Formen wie der der Sprache, – all das begründet, warum von einer eigenständigen Teilepoche der mittelhochdeutschen Literatur gesprochen werden kann.
Ihre Merkmale sind:

- eine eigenständige höfische Kultur der Literatur anstelle der unselbstständigen, vielfach zufälligen Überlieferung
- Verlagerung vom Kloster an die Höfe
- Literatur als Teil des höfischen Zeremonialhandelns: höfische Autoren für höfische Zuhörer
- Ausbildung eines Mäzenatenwesens

2 Die mittelhochdeutsche Literatur

> - Feudalisierung der Literatur und Verselbstständigung ihrer Themen
> - Ideal des *miles christianus* [des christlichen Ritters]
> - Aufstieg des Mittelhochdeutschen zu einer überregionalen Literatursprache
> - Nebeneinander von lateinischer und mittelhochdeutscher Literatur, ‚schöner' mittelhochdeutscher Literatur und religiöser lateinischer Gebrauchsliteratur

Die Formel von einer deutschen Literaturgeschichte führt also gerade im Feld der mittelalterlichen Literatur vielfach in die Irre, weil sie Zusammenhänge nahelegt, die so nicht bestehen. Zunächst gilt auch für die mittelhochdeutsche Literatur, dass diese in einer Schriftkultur entstand, die durch lateinische, genauer: mittellateinische Texte bestimmt war, solchen zu religiösen Zwecken oder solchen zu weltlichen wie der Geschichtsschreibung oder dem Recht. Die Texte in deutscher Sprache bilden ihrerseits keinen kontinuierlichen Zusammenhang. Nicht die althochdeutsche und noch nicht einmal die frühmittelhochdeutsche Literatur ist für die mittelhochdeutsche Literatur das Vorbild, mit dem sie sich auseinandergesetzt hätte. Neben der fraglos dominanten lateinischen Literatur war es vielmehr die romanische Literatur, die altfranzösischen und provenzalischen Vorbilder, die nachgeahmt oder auch direkt übernommen wurden. Erst gegen Ende des 12. Jahrhunderts gewann die mittelhochdeutsche Literatur eine Eigenständigkeit. Es kommt zu dem, was die spätere Literaturgeschichtsschreibung als ‚höfische Klassik' bezeichnet hat, jene Selbstständigkeit zwischen 1190–1230, in der Texte in mittelhochdeutscher Sprache einen unverwechselbaren Ausdruck gewinnen, der dann zum Vorbild für die weitere mittelalterliche Literatur in deutscher Sprache bis etwa 1350 wurde und bis heute noch nachvollziehbar ist. Eine solche ‚Klassik' gab es auf Augenhöhe der Zeitgenossen natürlich nicht, weil ihr eine Vorstellung eines Zusammenhangs der Literatur, die auf kanonische Vorbilder zurückgreifen konnte, fehlte.

Altfranzösische und provenzalische Vorbilder

Doch war eine der notwendigen Bedingungen für das ‚Aufblühen' der mittelhochdeutschen Literatur zweifellos eine Verdichtung der Zusammenhänge zwischen den Autoren und den Werken. Während bis dahin die Autoren meist vereinzelt in den verschiedenen Klöstern schrieben, nehmen die Autoren aufeinander Bezug, lernen voneinander, bewerten gegenseitig ihre Texte, grenzen sich gegen-

Voraussetzungen für die ‚Blüte' der mhd. Literatur

Kapitel 3 Die Literatur des Mittelalters

seitig ab und scheinen sich vielfach in ähnlichen mäzenatischen Kreisen zu bewegen. Sie benutzen ähnliche Formen der Lieddichtung und der Großepik und beziehen sich auf ähnliche Vorbilder. Sehr viel mehr wissen wir nicht über die Autoren, die Entstehungsbedingungen der Texte und ihre Leser. Zumeist ist es ein Name und eine ungefähre Lokalisierung, nicht sehr viel mehr wissen wir. Trotzdem ist diese Verdichtung einer deutschen Textkultur eine der Voraussetzungen dafür, dass Werke von einer solchen bis dahin unerhörten Komplexität und Kunstfertigkeit entstanden sind. Eine hinreichende Erklärung ist dies aber nicht. Sehen wir uns diese Werke näher an:

Die Lieddichtung

In der deutschen Lieddichtung zwischen 1150 und 1350 finden wir drei Haupttypen vor, die nicht auf deutsche Vorbilder zurückgehen und die lateinische Vagantenlyrik und Liedersammlungen wie die *Carmina Burana* erweitern:
1. Minnesang
2. Sangspruch
3. Leich

Der Minnesang

Alle drei Texttypen wurden mit Singstimme vorgetragen. Der Minnesang gilt uns heute als die bekannteste dieser mittelalterlichen Liedformen. Er war zu allererst Ausdruck ritterlich-höfischen Selbstverständnisses, eine Liebhaberei, der eine ähnliche Funktion wie Jagderfolg und Turnier hatte und anzeigte, dass der Ritter der höfisch-gesellschaftlichen Erwartung entsprach. Auch wenn sein Thema die hohe Liebe zwischen adligem Mann und adliger Frau ist und dieses Verhältnis als persönliches Erlebnis durch ein sprechendes Ich dargestellt wird, so sagt dies nichts über tatsächliche Gefühle oder lebensweltliche Verhältnisse aus. Die Darstellung folgt vielmehr dem Muster einer höfischen Liebe, die dem Lehnsverhältnis nachgebildet wurde und daher eine unüberbietbare Schranke zwischen preisendem Ritter und umworbener Dame aufbaut. Nichts davon kann als Ausdruck eines wirklichen Erlebens verstanden werden. Die Werbung um die Dame und die Klage, zurückgewiesen zu werden, gehören zum festen Inventar dieser Lieddichtung. Je nach motivischer Auskleidung kannte man außer dieser Grundkonstellation auch weitere Typen: Kreuzzugslieder, solche Lieder, die den Frauendienst dem Gottesdienst des Kreuzzugs unterordnen, dann Lieder, die aus Sicht der Dame geschrieben sind, sogenannte Frauenlieder, und schließlich auch die sogenannten Tagelieder, Lieder, die die Trennung der Liebenden nach einer erfüllten Liebesnacht zum Thema haben. Formal bestehen diese Lieder in der Regel aus zwei ungleichen Teilen, einem Aufgesang und einem etwas längerem Abgesang, gegliedert jeweils in metrisch gleichgebauten, sangbaren Strophen. Dieser Haupttypus der Minnekanzone hat die mittelhochdeutsche Lyrik wie ihr Thema der hohen Liebe aus der Lieddichtung der provenzalischen Troubadours übernommen und dann fortentwickelt.

Die Sangspruchdichtung als zweiter Haupttypus der mittelhochdeutschen Lyrik meint Gedichte fahrender und meist nichtadliger Berufssänger, die auch untereinander teils offen konkurrierten. Die Absicht dieser Lieddichtung ist didaktisch. Ihr Gegenstand ist die Kritik an den politischen, moralischen und religiösen Zuständen, sowie die Ermahnung, Gott zu dienen und gerecht in der Welt zu leben. Sie wendet sich an die ritterliche und geistliche Elite ihrer Zeit, ist formal freier als die Lyrik des Minnesangs und ist deshalb nicht Ausdruck der höfisch-ritterlichen Stilisierung, wie das die Minnelyrik ist. Dass sie uns weniger ‚mittelalterlich' vorkommt, ist eine spätere Verengung der mittelalterlichen Lyrik auf den Minnesang. Historisch war dies keineswegs so. WALTHER VON DER VOGELWEIDE, der als der bedeutendste mittelhochdeutsche Lyriker gilt, hat beispielsweise mehr Sangspruchdichtungen geschrieben als Minnelyrik.

Sangspruchdichtung

Auch der Leich, die Prunk- und Großform der mittelhochdeutschen Lieddichtung, gehört zu den viel gepflegten Texttypen des Mittelalters. Seine durchaus auch geistlichen Themen wie das Lob der Trinität, die Heilstat Jesu, das Leben Mariens weisen den Leich schon als hoch bewertete Werke in ihrer Zeit aus. Denn die Bewertung der Literatur verlief bis ins 18. Jahrhundert hinein wesentlich entlang der Höhe ihrer Gegenstände.

Leich

Die ersten überlieferten Minnesanglieder wie die dessen von KÜRENBERG aus der Mitte des 12. Jahrhunderts, dem ältesten namentlich bekannten deutschen Minnesänger, folgen noch nicht dem Ideal der hohen Minne, sondern kennen neben den stolzen Männerstrophen auch Frauenstrophen, die von Liebessehnsucht und -enttäuschung sprechen. Dialogische Lieder zwischen Mann und Frau gibt es daher auch eben in monologischen Liedern, auch solchen ganz aus der Sicht der liebenden Frau gesprochene Liedern. Erst allmählich setzt sich das Konzept der hohen Minne, der *fin'amor* bzw. der *amour courtois* nach den Vorbildern der provenzalischen Trobadors und nordfranzösischen Minnesängern auch

Die ersten Minnesangdichtungen

Kapitel 3   Die Literatur des Mittelalters

im deutschsprachigen Raum durch. Genaugenommen handelt es sich dabei um eine sehr einseitige Übernahme der hohen Minnekanzone, während die Dialog- und Streitgedichte über Fragen der Minne nicht aus der Romania übernommen wurden. Bestimmend wird im deutschsprachigen Raum damit eine Lyrik, in der nur das männliche Ich über die Liebe spricht. Weil die Vortragenden dieser Lyrik adlige Dilettanten waren, die in diesen Liedern vor allem ihr eigenes Selbstverständnis zum Ausdruck bringen, tendieren viele dieser Gedichte zu einer höfisch-formelhaft bestimmten Repräsentationskunst, die nichts mit der tatsächlichen Standes- und Moralpraxis zu tun hat.

Stilisierte Rollen

Wenn uns dennoch diese Lyrik bis heute bewegt, dann liegt das gerade an der stilisierten Rollenverteilung. Denn nur sie erlaubt es, von gesellschaftlich eigentlich nicht erlaubten Gefühlen zu sprechen. Gesungen wird ja von einer Liebe außerhalb der Gesellschaft, schließlich geht es um eine unerfüllte Liebe jenseits der Ehe. Auf eine bis heute eindrucksvolle Weise wird dabei das Verhältnis von leidenschaftlich-körperlicher Liebe (*amor*) und seelisch-geistiger Liebe (*caritas*) ausgelotet und von verwirrenden Gefühlzuständen zwischen Freude und Schmerz, Achtung und Selbstverachtung gesprochen wie sonst an keinem Ort in der Gesellschaft des Mittelalters. Gerade weil es die Spitzen der Feudalgesellschaft waren, die diese Lyrik gepflegt haben, war ihnen die Lizenz eingeräumt, so außergewöhnlich stilisiert und distanziert für ihre Zeit und gerade deshalb von sich selbst und der Welt menschlicher Gefühle zu sprechen. Das erklärt auch, warum uns Heutigen der Minnesang anders als die Spruchdichtung und der Leich noch so nahe sind.

WALTHER VON DER VOGELWEIDE

Es gibt noch einen weiteren Grund. Das ist das im Vergleich mit der mittelhochdeutschen Lyrik so außergewöhnliche Werk WALTHERS VON DER VOGELWEIDE (um 1203–um 1230). Wie über die meisten anderen Autoren wissen wir über ihn fast nichts, nur dass er wohl belehnungsfähig war, das heißt ritterlichen oder ministerialen Standes gewesen sein muss. Er verfügte über eine lateinische Bildung und tat trotz seines Wanderlebens zwischen Seine und der ungarischen Grenze an verschiedenen Höfen der Staufer und der Welfen Dienst. Er war daher mit den führenden Autoren seiner Zeit wie etwa REINMAR DER ALTE vertraut, ob auch persönlich, wissen wir nicht genau. Gegen REINMAR polemisiert WALTHER jedenfalls in einigen seiner Strophen. Das ist ein Indiz dafür, dass eine gewisse Selbständigkeit der weltlichen Literatur hier beginnt. Literatur nimmt auf sich selbst Bezug, bildet einen Zusammenhang, wenn auch nur sehr lose, und ist mehr als nur eine Funktion in der höfischen Repräsentation.

Schon die überlieferten Handschriften der Werke WALTHERS zeigen in Umfang, Breite der Gattungen und Formen ein außergewöhnliches Werk von mehr als 90 Minneliedern und an die 150 Sangsprüchen. Anstelle der stilisierten Liebesklage um eine hohe *frouwe* [Dame] setzen die Minnelieder WALTHERS auf den Ausdruck von Freude. Sie lassen eine Gegenseitigkeit in der dargestellten Liebesbeziehung erkennen, die sonst kaum in der mittelhochdeutschen Literatur zu finden ist. Das spricht gegen die gängige Feier der Entsagung vom Glück einer möglichen Erfüllung der Liebe. WALTHERS Lieder stellen gegen die Tugenden des sozialen Standes die Tugenden des Herzens. Das lässt uns diese Texte moderner erscheinen, als sie es tatsächlich sind.

Die Besonderheiten WALTERS

Ungewöhnlich gemessen am Ausdrucksrepertoire seiner Zeit sind die später so genannten Mädchenlieder. In ihnen wird nach Vorbildern des lateinischen Pastourelle, die die Liebe auf dem Land besingt, vielleicht auch des mündlichen Volkslieds, gerade nicht dem Rollenspiel der höfischen Lyrik gefolgt. Thema ist hier vielmehr die erfüllte unstandesgemäße Liebe zwischen Ritter und naivem Mädchen. Gesprochen wird aus der Sicht des *wîbes* [Frau], nicht der hohen *frouwe* [Dame], so im berühmt gewordenen *Lindenlied*:

Die sog. Mädchenlieder

> Under der linden
> an der heide
> dâ unser zweier bette was,
>   dâ mugt ir vinden
> schône beide
> gebrochen bluomen unde gras
>   vor dem walde in einem tal,
>   tandaradei
> schône sanc diu nahtegal.
>
>   (Die erste von vier Strophen)

WALTHER hat wohl auch in Auseinandersetzung mit anderen Dichtern wie NEIDHART in seinen weiteren Liedern das Ideal hoher Minne integriert und gerade so neue lyrische Ausdrucksformen gefunden, ohne dass Neuheit für ihn und seine Zeit ein ästhetischer Wert gewesen wäre.

Kapitel 3   Die Literatur des Mittelalters

Die Sangspruchdichtung WALTHERS

Auch WALTHERS Sangspruchdichtung war ohne die mittellateinischen und romanischen Vorbilder kaum denkbar. Wie diese nimmt WALTHER Stellung zu gegenwärtigen politischen und geistlichen Fragen seiner Zeit, etwa zum Thronstreit zwischen Staufern und Welfen, zum Konflikt zwischen Kaiser und Papst oder zum Verhältnis zwischen König und Fürsten. Doch kann man hier kaum so etwas wie einen Standpunkt oder eine eigene Meinung WALTHERS ausmachen, denn geschrieben sind diese Sangspruchdichtungen als Auftragswerke und spiegeln entsprechend zuerst die Auffassung des Auftraggebers wider. Wahrscheinlich ist aber, dass auch WALTHER einiges an dem Erhalt der mittelalterlichen Ordnungsmacht des Reiches gelegen haben dürfte. Ungewöhnlich wiederum im Vergleich mit der zeitgenössischen Sangspruchdichtung ist die rhetorische Virtuosität, die Fähigkeit abstrakte politische Zusammenhänge bildhaft darzustellen oder die dramatisch witzige Selbstdarstellung des fahrenden Sängers. Gerade die Ausgestaltung der Ich-Rolle als Wanderer, Ratgeber oder gar als Engel des Herrn, wie auch die selbstbewusste Eigenwerbung und die Selbstdarstellung in den als persönlich inszenierten Scheltstrophen, besonders dann in den späten Liedern, die auch das Alter thematisieren („Owê war sint verswunden alliu mîniu jâr / ist mir mîn leben getroumet oder ist ez wâr [...]"), – sie alle lassen fast so etwas wie ein persönliches Ich erkennen. Eben das hat wesentlich zum kanonischen Rang WALTHERS in vielen modernen Literaturgeschichten beigetragen, auch wenn dies aus Sicht der Zeit kaum so gewesen sein dürfte. Dafür war gerade die deutsche Literatur viel zu sehr in das höfische Zeremoniell eingebunden. Wie WALTHER von seinen zeitgenössischen Hörern genau beurteilt wurde, wissen wir fast nicht. Nur dass er in seinen Liedern durchaus mit einem gewissen Selbstbewusstsein von sich und seiner Kunst spricht, kann man erkennen. Dieses Selbstbild ist das eines Sängers, nicht eines Ritters.

Das *Nibelungenlied*

Verbindet sich mit WALTHER VON DER VOGELWEIDE in vielen literaturhistorischen Darstellungen unser Bild des (deutschen) Mittelalters und seiner Literatur, so gilt dies fast noch mehr für das *Nibelungenlied*. Sein heroischer Stoff, seine magischen Elemente und der heidnisch anmutende Fatalismus seiner Handlung gelten uns als typisch für die mittelalterliche Vorstellungswelt. *Das Nibelungenlied* wurde gerade deswegen im 19. Jahrhundert etwa bei FRIEDRICH HEBBEL oder RICHARD WAGNER zur Vorlage für Neubearbeitungen. Tatsächlich dürfte das Heldenepos wohl um 1200 am Hofe des Passauer Bischofs entstanden sein, in einem durch und durch christianisierten Kontext. Das Heidnische ist hier eher Zitat und Stilisierung als Wirklichkeit. Mehr als 34 Handschriften bezeugen das Interesse bereits im Mittelalter an diesem Epos. Wahrscheinlich ist außerdem, dass sich hier eine ritterliche Zuhörerschaft ein heroisches Selbstbild entwirft. Der unbekannte Hauptautor hat dazu ein stilisiert heldenhaft verfremdetes Bild der ritterlichen Welt entworfen, das wenig mit der seiner Zuhörer zu tun gehabt hat. Er greift auf Überlieferungen aus der frühmittelalterlichen Zeit der merowinginschen Panzerreiter zurück, auf mündlich überlieferte Stoffe, die unterschiedliche Ereignisse aus der Völkerwanderungszeit zur Vorlage haben könnten. Sie sind zu so formelhaft verdichteten Handlungsabfolgen und monumentalisierten Figuren verflochten, dass dies alles mit den historischen Ereignissen aus der Völkerwanderungszeit kaum mehr etwas zu tun hat. Verknüpft werden in den über 2.300 sangbaren Strophen zwei nicht stimmig zu einander passende Sagenkreise, wie sie in der *Älteren Edda* und der *Völsunga saga* und *Thidreks saga* greifbar sind. Nicht zu übersehen ist dabei der Versuch, die disparaten mündlichen Überlieferungen in ein schriftliches Buch-Epos zu transformieren, das aber so tut, als handle es sich um ein mündliches Epos. Das *Nibelungenlied* ist daher ein hochstilisiertes Kunstprodukt, nicht Ausdruck einer Archaik. Es ist gerade darin einmal mehr ein Beleg für die neu gewonnene Eigenständigkeit der mittelhochdeutschen Literatur.

Die Handlung

Der erste Teil des Epos erzählt die Geschichte von Siegfrieds Tod. Siegfried ist eine Figur, die Züge eines höfisch-ritterlichen Königssohns aus Niederland mit denen eines germanischen Recken verbindet. Er, der durch das Bad im Blut des von ihm besiegten Drachen fast unbesiegbar geworden ist, wirbt um die burgundische Königstocher Kriemhild am Wormser Hof. Dem gängigen heldischen Brautwerbungsschema würde es entsprechen, wenn der Beste, hier Siegfried, die Schönste – Kriemhild – nach großen Kämpfen erhalten würde. Doch das *Nibelungenlied* erzählt die Geschichte gerade abweichend von diesem Schema. Der regierende Bruder Kriemhilds, König Gunther, fordert von Siegfried zum Preis für Kriemhild dessen Hilfe bei der Brautwerbung um die Königin von Island, Brünhild, die über übermenschliche Kräfte verfügt. Unter der Vortäuschung, nur ein Vasall Gunthers zu sein, und unter Ausnutzung der unsichtbar machenden Tarnkappe besiegt Siegfried Brünhild für Gunther. Doch der Betrug wird im Streit der Königinnen Brünhild und Kriemhild öffentlich, so dass Hagen als Gefolgsmann Gunthers im Einverständnis mit dem Wormser Hof schließlich Siegfried an der einzigen verwundbaren Stelle ersticht. Kriemhilds maßlose Rache bestimmt dann den zweiten Teil des *Nibelungenliedes*. Sie lädt ihre Brüder an den Hof ihres zweiten Ehemanns, des Hunnenkönigs Etzel, die wissend, dass dies eine Falle ist, dennoch in den Untergang reiten. In einem monströs gesteigerten Schlusskampf gehen alle Helden, auch Kriemhild selbst, unter. Am Ende bleibt buchstäblich nichts als Gewalt und Untergang übrig. Was das *Nibelungenlied* damit sagen wollte, ob eine Kritik am sinnlosen Heroismus und an den zahllosen Kämpfen der feudalen Kriegerkaste geübt oder umgekehrt, der Verlust einer solchen Welt beklagt wird oder auch beides, lässt sich heute nicht mehr entscheiden.

Der höfische Roman

Während im Bereich der Heldenepik das *Nibelungenlied* noch vielfach Züge der mündlichen epischen Kultur aufweist wie etwa die Formelhaftigkeit der Sprache oder die finale Handlungsmotivation anstelle der uns vertrauten psychologischen Figurenmotivation, ist der mittelhochdeutsche Versroman sehr viel deutlicher an der antiken Schriftkultur und dem Antikenroman orientiert. Auch dort, wo dieser Gattungstypus der mittelalterlichen Literatur Sagenstoffe aufnimmt, nutzt er vor allem französische und teilweise auch anglonormannische Vorbilder. Vom Ende des 12. Jahrhunderts ist der erste auf Deutsch geschriebene höfische Roman überliefert, HEINRICH VON VELDEKES um 1187/89 fertiggestellter Aeneas-Roman *Eneit*. In mehr als 13.500 Versen erzählt er von unglücklicher Minne und den Kämpfen des trojanischen Königssohns und Begründer Roms Aeneas. Doch nicht solche antiken Stoffe, wie die des Klerikers und Höflings HEINRICH, sondern der Artusstoff wurde für den mittelalterlichen Versroman bestimmend. Die Taten der Ritter der Tafelrunde, ein ursprünglich keltischer Stoff, wurden aufgegriffen, auch hier nicht aus der deutschen Literaturtradition, sondern aus der französischen. CHRÉTIEN DE TROYES (um 1140–1190) gilt als Erfinder dieses für das Mittelalter so erfolgreichen Romantypus. Er hat verschiedene Elemente eines wohl teilweise mündlichen Erzählgutes, wie er es in mittellateinischen und anglonormannischen Quellen fand, so zusammengeführt, dass aus einem wohl ursprünglich keltischen Heerführer der repräsentative und passive König Arthus wurde, dessen Ritter von der Tafelrunde sich in verschiedenen Abenteuer (*âventiuren*) in ihren ritterlichen Tugenden bewähren.

Der doppelte Kursus

Dabei hat sich ein festes Schema herausgebildet, das die Germanistik als „doppelten Kursus" bezeichnet. Fast jede der *âventiuren* nimmt ihren Ausgang am Artushof, der Ritter bricht wegen einer ihm selbst oder einer ihm nahestehenden Person geschehenen Schmach ins Ungewisse auf, gerät in Kämpfe gegen Ungeheuer, Riesen, Räuber und unritterliche Ritter, macht sich damit einen Namen, gewinnt *êre* und Glanz, gewinnt eine Frau und wird in die Tafelrunde aufgenommen. Doch der strukturelle Sinn der Handlung erfüllt sich erst in der Wiederholung. Unvermittelt brechen Schuld, Schulderkenntnis und Beschuldigungen über den Helden herein. Er bricht ein zweites Mal auf, um im zweiten Ausritt der *âventiure*, die nun *ungemach* und *arebeit* bedeutet, Frau, Herrschaft und Heil zu einem immerwährenden Besitz zu erwerben. Erst in den spiegelbildlichen Korrespondenzen und Kontrasten dieses Doppelweges gewinnen die einzelnen *âventiuren* ihre gesteigerte Bedeutung.

CHRÉTIEN DE TROYES hat diese, ganz auf eine symbolisch motivierte Handlungsverknüpfung angelegte idealische Ritterwelt mit ihren märchenhaften Zügen und orientalischen Drapierungen schon in Richtung auf eine eigenständige fiktionale Welt hin konzipiert. Diesen hochartifiziellen Typus haben die deutschen Autoren ihrerseits aufgenommen. HARTMANN VON AUE (um 1160–1210) folgt in seinen Wiedererzählungen diesem Typus, erweitert aber in seinen Versromanen *Erec* und *Iwein*, entstanden mutmaßlich um 1165 bzw. um 1177, gegenüber seinen altfranzösischen Vorlagen den Umfang erheblich. Er gibt ausführlichere Beschreibungen gerade auch der höfischen Repräsentationskultur, verdeutlicht den symbolischen Aufbau des doppelten Kursus und nimmt die Dialoge zugunsten von Erzählerkommentaren mit belehrender, auch deutlich christlicher Absicht zurück. Damit knüpft er auch an geistliche Dichtungstraditionen an. Über HARTMANN selbst wissen wir nichts, außer dass von ihm noch weitere Verserzählungen geschrieben worden sind, außerdem ein unter dem Namen *Klagebüchlein* bekanntes allegorisches Streitgespräch sowie einige Minne- und Kreuzlieder. Auch die *âventiuren* des alterslos-jugendlichen Ritters Erec, der so verliebt in seine gewonnene Frau Enite ist, dass er nach der ersten Reihe der Abenteuer seine herrscherlichen Pflichten vergisst und daher ein zweites Mal, diesmal mit Enite ausreiten muss, folgen nicht der modernen Logik des Romans mit seinen psychologisch motivierten Figuren. Sie sind auch hier final vom Ende her motiviert, wie wir es häufig in der vorneuzeitlichen Literatur antreffen. Was die Figuren wie Enite und Erec empfinden, wird vielfach nur indirekt durch Symbole wie etwa eine Pferdedecke oder ein Schwert angezeigt, nicht durch eine Innensicht der Figuren. Das unterscheidet die mittelalterliche Romanliteratur von der neuzeitlichen.

HARTMANN VON AUE

Kapitel 3 Die Literatur des Mittelalters

Dichterstreit

HARTMANNS Versromane galten schon den wenigen zeitgenössischen Lesern bzw. Hörern als vorbildlich, wie die vielen Abschriften seiner Werke belegen. Gelobt wurden die Klarheit seiner Sprache, der sich rundende harmonische Weltentwurf und seine geistliche Symbolik. Überliefert ist die Erwähnung HARTMANNS im sogenannten Literaturexkurs im *Tristan* des GOTTFRIED VON STRASSBURG. Er lobt an HARTMANN die kristallene Reinheit von Aufbau und Wortwahl und seine rhetorische Kunst, die sich in den Sinn der erzählten Geschichte einfügen (V. 4621–4637). Dagegen verurteilt GOTTFRIED im selben Abschnitt jene Erfinder verwilderter Geschichten, die wie Hasen auf der Heide Haken mit ihren Sätzen schlagen würden (V. 4638–4644). Man nimmt an, dass damit WOLFRAM VON ESCHENBACH gemeint sein könnte. Denn dieser nimmt das Hasen-Bild (I, V. 15–19) für die Erzählerweise seines *Parzival* selbstbewusst auf und wendet sich seinerseits gegen die gelehrte Literatur seiner Zeit und meint damit wohl GOTTFRIED. Zum ersten Mal in der Geschichte der deutschen Literatur gibt es mit diesem Dichterstreit eine Literatur, die sich ausdrücklich mit anderen, konkurrierenden Schreibweisen auseinandersetzt. Hier ist die literarische Kommunikation einmal so verdichtet, dass eine bis heute ungewöhnlich komplexe Literatur entstanden ist. Für die mittelalterliche Literatur ist das die Ausnahme.

GOTTFRIED VON STRASSBURG

Diese Ausnahme und ihre Folgen hat die Literaturgeschichtsschreibung dazu verleitet, anzunehmen, in den beiden Epikern WOLFRAM und GOTTFRIED zwei Antipoden der mittelalterlichen Literatur vor sich zu haben. Da ist WOLFRAM, vermutlich aus dem ostfränkischen Eschenbach, ein Ritter oder Ministeriale, der zwischen 1200 und 1220 im Auftrag seiner Mäzene wohl den *Parzival* und später, den unvollendet gebliebenen *Willehalm* abgefasst hat. Mit 84 überlieferten Handschriften ist der *Parzival* der verbreitetste höfische Roman des deutschen Mittelalters. Da ist auf der anderen Seite GOTTFRIED, ein gelehrter Kleriker, der möglicherweise im Dienst des Straßburger Bischofs oder Rates stand, der zwischen 1200 und 1215 nach anglonormannischen Vorbildern seinen *Tristan* für einen Mäzen geschrieben hat. GOTTFRIED gilt als gelehrt und gebildet, geschult an den französischen Vorbildern. Sein Werk ist in einer klar und alternierend dahinfließenden Verssprache geschrieben. Der Aufbau ist eine lineare Abfolge von Episoden um das Thema des Ehebruchs, der äußerlich durch einen Liebestrank ausgelösten Liebe zwischen der irischen Königstocher Isolde und dem Brautwerber Tristan. Statt nur dieser Brautwerber für seinen König, den König von Cornwell, zu sein, verlieben sich beide unsterblich ineinander.

Der Konflikt zwischen Liebe und Ehe findet sein tragisches Ende, das aber nicht von GOTTFRIED gestaltet ist. Sein Werk blieb unvollendet.

WOLFRAM dagegen erzählt seine Geschichte des Parzivals als einen verschlungenen Weg nicht zuletzt auch des Helden zu sich selbst im Rahmen eines komplizierten, figuren- und handlungsreichen Geflechts. Von seiner Mutter Herzeloyde in Unwissenheit über alles Rittertum gehalten, erwirbt Parzival trotz vieler unhöfischer Verfehlungen auf seiner ersten Âventiure zunächst seine Frau Condwiramur und die Anerkennung des Artushofes. Die Unterlassung der erlösenden Frage an den Gralskönig Anfortas nach dessen Leiden führt zur öffentlichen Verfluchung Parzivals. So bricht Parzival zu einer zweiten Fahrt auf. Sie gilt der Wiederfindung des Grals, der vorderhand für den Kelch steht, mit dem Christi Blut am Kreuz aufgefangen wurde, hier aber vor allem eine segensvolle Herrschaft symbolisiert. WOLFRAM schaltet in diese Geschichte noch weitere Geschichten ein, die von Parzivals Vater Gachmuret und die der Taten des Ritters Gawan, und weitet den Handlungsraum bis in den Orient aus. Die Figuren sind vielfach dynastisch miteinander verbunden, ihre Geschichte ist religiös vertieft. Parzivals Schuld ist Symbol für die Erbsünde des Menschen und den Weg seiner Erlösung. Der utopische Schluss einer theokratisch-versöhnten Gralsherrschaft führt die vielen Fäden der Handlung und ihre Symbolik am Ende zusammen.

WOLFRAM VON ESCHENBACH

Schon in dieser knappen Gegenüberstellung sieht man, warum beide Dichter – GOTTFRIED wie WOLFRAM – geradezu dazu einladen, in der Literaturgeschichte als Antipoden behandelt zu werden. Dennoch macht das eher blind für literaturhistorische Besonderheiten und Gemeinsamkeiten. Beide Autoren verfügen über eine vergleichsweise große Bildung, kennen die lateinische und französische Literatur ihrer Zeit, schreiben an Höfen in Abhängigkeit von verschiedenen Mäzenen. Vor allem aber entwerfen beide eine fiktionale Welt, die auf ritterliche Gewalt und Macht wenig gibt, viel auf die Erkundung verstörender Emotionen, solche der Liebe und der Schuld, der Selbstverfehlung und des sozialen Versagens. GOTTFRIEDS und WOLFRAMS Helden sind nicht die Heroen. Und die Sprache beider Epiker, mit der sie Konflikte zwischen *minne* und *êre* auszuleuchten wissen, ist trotz des hier klaren, dort geblümten Stils unerreicht. Der sinnend über drei Bluttropfen im Schnee in sich versunkene Parzival, der alle ritterliche Welt um sich herum ver-

Singuläre Gemeinsamkeiten

43

Kapitel 3   Die Literatur des Mittelalters

gisst, oder der so unbedingt liebende Tristan haben so gut wie keine Vorbilder und Nachahmer in ihrer Zeit gefunden. Man muss schon in der mystischen Literatur etwa eines BERNHARD VON CLAIRVAUX nachsehen, um ähnliche Worte für eine unbedingte Liebe zu finden, wie sie GOTTFRIED findet:

> sie hæten in ir sinnen
> beide eine liebe und ein ger [Willen]
> sus [so] war er sî und sî was er
> er was ir und sî was sîn
>
> (GOTTFRIED, Tristan)

Und WOLFRAM findet gerade für die einander widerstreitenden Gefühle und tragischen Konflikte im Menschen ganz neue, bald wieder vergessene Bilder, wie das von der gescheckten Elster:

> Ist Zwîfel herzen nâchgebûr,
> daz muoz der sêle werden sûr.
> gesmæhet unde gezieret
> ist, swâ sich parrieret
> unverzaget mannes muot,
> als agelstern varwe tuot.
>
> Wenn das Herz mit Zweifeln lebt // so wird es für die Seele herb // Häßlich ist es und ist schön // wo der Sinn des Manns von Kraft // gemischt ist, farblich kontrastiert // gescheckt wie eine Elster. -
>
> (WOLFRAM, Parzival, Übersetzung Dieter Kühn)

Nachfolger

Die höfischen Romane HARTMANNS, GOTTFRIEDS und WOLFRAMS wurden im 13. Jahrhundert zu Mustern erhoben, aber nicht eigentlich nachgeahmt. Man scheint um ihren besonderen Rang gewusst zu haben, ohne in ihren Spuren weiter gegangen zu sein. Die Nachfolger wie ULRICH VON ZAZIKHOVEN oder WIRNT VON GRAVENBERG haben die mehrfach verschachtelte Symbolik und die komplizierte Struktur des Kursus nicht mehr imitiert, sondern einfacher und entlang einer Reihe von Abenteuern erzählt. Ihre Figuren sind wieder ungebrochene Helden aus der Stofftradition um den legendenhaften DIETRICH VON BERN, denen die Problematisierung des Höfischen fehlt. Sie sind nur Helden, die mit sich selbst im Reinen sind. Die höfische Welt wird in diesen Romanen vielfach zu märchenhaften Standesrepräsentationen gesteigert und die Liebeshandlung sentimentalisiert, so dass einmal mehr nicht von einer Kontinuität der deutschen Literaturgeschichte ausgegangen werden kann. Gerade für die mittelalterliche Literatur typisch ist der Abbruch von Gattungstraditionen.

Ähnlich auch in der Geschichte der mittelhochdeutschen Lyrik. Hier wirken nicht die Gedichte eines WALTHERS weiter, sondern die des NEIDHART VON REUENTHAL, einem zeitweilig am Wiener Hof angestellten Sänger, der ebenfalls zwischen 1210 bis um 1240 geschrieben hat. Seine Lyrik und das Bild, das er von sich selbst entwirft, wirkt auf die spätmittelalterliche Literatur, die Lyrik OSWALDS VON WOLKENSTEIN, auch auf die Epik wie etwa auf die Versnovelle *Helmbrecht* vom Ende des 13. Jahrhunderts oder auf den Schwankroman *Neidhart Fuchs* (1491/1500). NEIDHART, von dem wir nicht wissen, ob das nicht nur ein Künstlername ist, da ‚nithart' ein anderer Name für ‚Teufel' ist und ‚Riuwental' soviel wie Jammertal heißen könnte, verkehrt die Minnewelt. Hier wirbt einer höfischer Ritter um ein Mädchen aus dem Dorfe, nicht um eine hochstehende Dame. Er konkurriert dabei mit den höfisch herausgeputzten Bauernburschen. Das alles ist derb-komisch und war doch so erfolgreich, dass von keinem anderen Lyriker des Mittelalters so viele Lieder und Melodien überliefert sind wie von ihm. Keiner wurde so oft in den sogenannten Neidharten nachgeahmt und gar zum Gegenstand weltlicher Dramen etwa in den Neidhart-Spielen vom 14. bis zum 16. Jahrhundert wie er.

NEIDHART VON REUENTHAL

> **TIPP**
>
> *Die mittelalterliche Welt und die Helden der mittelalterlichen Literatur sind vielfach auch heute gegenwärtig. Sammeln Sie einmal, wo Ihnen diese mittelalterliche Welt begegnet und achten Sie darauf, welches Bild vom Mittelalter dabei entworfen wird. Es hat mit dem wirklichen Mittelalter wenig zu tun.*

3 Die frühneuhochdeutsche Literatur

Die nachmittelhochdeutsche Literatur wird auch als spätmittelalterliche Literatur bezeichnet. Dabei schwingt ein vereinfachendes wie gängiges Schema zur Beschreibung des historischen Wandels mit, das von Aufstieg, (klassischem) Höhepunkt und Verfall. Aber die Literatur nach dem fast unvermittelten Ende der mittelhochdeutschen Versepik und Lyrik ist nicht weniger reich als die Zeit

Die Literatur des Spätmittelalters (um 1350– um 1500)

davor. Sie ist aber auch anders. Was sich ändert, erlaubt von einer eigenen Teilepoche der mittelalterlichen Literatur zu sprechen. Neue Gattungen wie das Theater und der Prosaroman kommen auf. Zum ersten Mal in der deutschen Literaturgeschichte gibt es Portraits lebender Autoren wie das OSWALD VON WOLKENSTEIN. Die Mystikerin MECHTHILD VON MAGDEBURG schreibt auf ganz neue Weise über ihre Gotteserfahrung in deutscher Sprache. Die Literatur hat ihre Zuhörer und manchmal Leser nicht nur an den Höfen und in den Klöstern, sondern in wachsendem Maße in den Städten. Kleinere, oft auch einfachere Formen wie die ermahnende Reimpaar-Dichtung oder auch -Predigt finden ihre Leser. Von ‚Verfall' kann daher kaum die Rede sein. Nur eine Kontinuität zur mittelhochdeutschen Literatur lässt sich nicht herstellen. Die Literaturgeschichte schlägt einmal mehr ihre Haken.

Religiöse Literatur

Das allmähliche Anwachsen der Schriftlichkeit, des Schreibens und Lesen auch von Laien, sei es in der zunehmenden Zahl der Schulen und den sich immer weiter in Europa ausbreitenden Universitäten, hat ganz unterschiedliche Gattungen befördert. Da ist die Andachts- und Predigtliteratur der neuen Ordensprediger wie BERTHOLD VON REGENSBURG (um 1210–1272) zu nennen, die ebenso nicht wirklich mündlich so vorgetragen, sondern schriftlich konzipierten deutschen Predigttexte eines MEISTER ECKARTS (1260–1328) und seiner Schüler JOHANNES TAULER (um 1300–1361) und HEINRICH SEUSE (um 1295/1300–1366), die eine Fülle sprachliche Neubildungen einführen wie *wesen*, *îndruc* [Eindruck], *daz sîn* [das Sein] oder *unbegrîfelichkeit*. Die in großer Zahl geschrieben Reimpaar-Reden wenden sich an städtische Hausgemeinschaften wie an Hofgesellschaften oder Klöster und versuchen durch allegorische Bilder wie das des Schachspiels oder der Jagd christliche Glaubenswahrheiten und Kritik am moralischen Zustand der Stände zu üben. Beispielerzählungen, sogenannte Predigtmärlein nutzen auch erzählerische Passagen zur Verdeutlichung der moralisch-exemplarischen Belehrung und mischen wie andere Kleinformen der Zeit, wie etwa die Schwankerzählung und die Versnovelle, meist weltlich-unterhaltende Stoffe mit einer belehrenden Absicht. Heiligenlegenden nach dem Vorbild der lateinischen *Legenda aurea*, die in über tausend Handschriften in ganz Europa überliefert ist, werden zu einer der populärsten Gattungen auch in den deutschen Ländern. Weltchroniken beschreiben die Geschichte von der Erschaffung Adams bis zum Jüngsten Gericht.

3 Die frühneuhochdeutsche Literatur

Daneben und nicht immer eindeutig davon zu unterscheiden, kursiert eine wachsende Zahl der Wissensliteratur wie das *Buch der Natur* (1348/50) des Wiener Schulrektors KONRAD VON MEGENBERG, der das Wissen über Natur und Medizin seiner Zeit zusammenfasst. Und häufiger als noch im Hochmittelalter finden sich in der Volkssprache niedergeschriebene Texte wie die im Mittelniederdeutschen abgefassten Handelsschriften der Hanse oder Rechtstexte wie die wahrscheinlich früheste Kodifizierung mündlicher Rechtspraxis im mittelniederdeutschen *Sachsenspiel* des EIKE VON REPGOW (gestorben nach 1233).

Weltliche Literatur

Die sieben Bücher *Ein fließendes Licht der Gottheit* der in bewusster Armut lebenden MECHTHILD VON MAGDEBURG (um 1207–1282) sind das noch heute eindrücklichste Zeugnis einer neuen Sprache und Ausdrucksfähigkeit jenseits der Höfe. MECHTHILD war eine gebildete Begine, das ist eine zwischen Laien und Klosterleben angesiedelten Frömmigkeitsform des Spätmittelalters. Sie begann nach ersten Visionen im Alter von zwölf Jahren die Aufzeichnung ihrer Begegnungen mit Gott aufzuschreiben. Diese Aufzeichnungen bestehen aus Dialogen zwischen Gott und der Seele, enthalten auch Gebete und Hymnen, Erzählungen und prophetische Reden, die oft in Prosa beginnen und allmählich in Reimverse übergehen. Ihre Bilder und Sprachmacht entlehnen sie der Frauenmystik der Zeit ebenso wie der volkstümlichen Liebeslyrik oder der lateinischen Mystik. Erst ihr Beichtvater hat die Texte zu Bänden und damit zu Werken zusammengestellt und sie vor Verboten ihrer Schriften wiederholt schützen müssen.

MECHTHILD VON MAGDEBURG

Ganz anders das Leben und Werk OSWALD VON WOLKENSTEINS (1376/78–1445), dem ersten Autor in deutscher Sprache, von dem auch zu Lebzeiten ein Bild überliefert ist. Als Südtiroler Ritter und Gesandter verschiedener Höfe konnte er an zahlreichen Reisen durch Europa teilnehmen, war in zahllose Händel verwickelt, um seinen Besitz zu mehren, und unterscheidet sich von seinen Standesgenossen nur durch zwei Reimpaarreden und 130 ein- und mehrstimmige Lieder, die alle eine ungewöhnliche Themenvielfalt und Freude an der Erprobung neuer Formen zeigen. Die Melodien sind auf den jeweiligen Inhalt abgestimmt, was bis dahin im Mittelalter nicht üblich war. Volkstümliche Tanz- und Trinklieder, Minnegesang, Sangspruchdichtung und Pastourellen gehören zum Inventar seiner Lieder, die oft genug derb-mundartlich reden. In der Nachfolge von NEIDHART besingt er die körperliche Liebe und bäu-

OSWALD VON WOLKENSTEIN

47

erliche Welt ebenso wie er seine Ehefrau MARGARETE bei ihrem tatsächlichen Namen und sich selbst auch nennt. Das mutet vielfach schon frühneuzeitlich an, weil hier ein fast autobiographisches Ich des Sprechers zu greifen scheint. Der steierische Ministeriale ULRICH VON LICHTENSTEIN hat um 1255 eine komische Art der Autobiographie erfunden, *Frauendienst* genannt, in dem er OSWALD auftreten lässt, wie er im Minnedienst am Ende verraten wird. Auch das ist neu, dass Autorinszenierungen selbst wieder in die Literatur eingehen.

Das geistliche Spiel

Zu den Eigentümlichkeiten der frühneuhochdeutschen Literatur gehört auch das geistliche Spiel. Es hatte seinen Ort zunächst im Kirchenraum als Teil der Messfeier und vergegenwärtigte die Passion und Auferstehung Christi, wie sie an Ostern gefeiert wird. Gespielt, genauer: gesungen wurde es zunächst ausschließlich von Geistlichen. Doch gewann das Spiel immer mehr an Selbstständigkeit, wurde schließlich vor der Kirche auf Simultanbühnen aufgeführt, die die Darstellung mehrerer Handlungen gleichzeitig ermöglichten, womit diese Spiele zu einer der neuen literarischen Formen der Frühen Neuzeit wurden. Dieses Theater entwickelte eigene, im Evangelium gar nicht vorkommende Szenen wie den Kauf der Salben beim Krämer oder den Wettlauf der Jünger zum Grab Christi. Mit dem uns geläufigen Theater hat dies wenig zu tun, weil ihm eine einheitliche Handlung und ein zentraler dramatischer Konflikt fehlt. Für die Frühe Neuzeit wurde es aber lange zu einem der bestimmenden Typen des Theaters.

Anfänge des Romans

Wer von heute auf die Welt der mittelalterlichen Literatur zurückblickt, wird nur einen direkten Traditionsstrang ausmachen können, der nicht in die Zeit der mittelhochdeutschen Literatur, sondern in die der frühneuhochdeutschen Literatur zurückreicht. Gemeint ist der Aufstieg des Romans. Das ist nicht eine feste Gattung, sondern umschreibt zunächst einmal den Aufstieg meist kürzerer und einfacher Formen in Prosa wie die komischen Schwankerzählungen, Fabeln oder die Beispieldichtungen, die meist mündlich vorgetragen wurden und unterhalten wie belehren sollten. Die Adressaten wie ihre Autoren sind eher in den Städten zu finden. Dazu kommen die Prosafassungen bzw. Prosaauflösungen mittelalterlicher Stoffe, seien sie nun mittelhochdeutscher, lateinischer oder altfranzösischer Herkunft. Doch mit ihren mittelhochdeutschen Vorlagen haben sie nicht viel mehr als den Stoff gemeinsam. Sie sind auf den Helden, der sich nun auch mit Verstand, wenn nicht mit unhöfischer Gerissenheit Geltung verschafft, abgestellt. Diese verschiedenen Prosaformen bestimmen dann die Literatur des beginnenden Druckzeitalters wesentlich mit.

Ein Beispiel für diese teils schon frühneuzeitliche, teils noch mittelalterliche Literatur ist der zwischen 1408 und 1414 entstandene Bauernhochzeitsschwank *Der Ring* von HEINRICH WITTENWILER, vermutlich ein Konstanzer Jurist. Diese satirisch-obszöne Reimdichtung, die nur in einer einzigen Handschrift überliefert ist, stellt die höfische Welt ganz auf den Kopf. Hier wirbt der dumme Bertschi Triefnas aus Lappenhausen um die hässliche Mätzli Rüerenzumph, feiert Hochzeit, in deren Verlauf sich aus einer Schlägerei ein Krieg entwickelt, in den allmählich die ganze Welt samt Heiden, Hexen, Riesen, Zwergen und Sagenhelden hineingezogen wird, bis Lappenhausen am Ende zerstört ist und Bertschi sich als Einsiedler in den Schwarzwald zurückzieht. Am Rand der Handschrift markiert jeweils eine grüne Linie das tölpische Bauerleben, eine rote Linie die ernste Lehre, die WITTENWILER der Moralliteratur seiner Zeit entnimmt.

HEINRICH WITTENWILER

Ein anderes, weitverbreitetes Beispiel für diese Literatur, von der wir nicht genau wissen, welche Funktion sie hatte und daher auch nicht sicher entscheiden können, ob sie schon in die Frühe Neuzeit zuzurechnen sei, ist der *Ackermann aus Böhmen*, wohl um 1400 verfasst, 1466 zum ersten Mal gedruckt. Geschrieben hat diesen Dialog zwischen dem Tod und dem Ackermann der böhmische Stadtschreiber JOHANNES VON TEPL (um 1345/50–1414/15). In seinem Streitgespräch klagt der Ackermann jeweils in den ungeraden Kapiteln den Tod an, ihm seine geliebte Frau genommen zu haben. In den geraden rechtfertigt sich der Tod. Am Ende tritt Gott auf, lobt den Ackermann für die Liebe zu seiner Frau und gibt dennoch dem Tod Recht. Der Text wirkt auf uns modern, weil er die Ehe ganz als Liebesehe versteht, so persönlich und namentlich von dieser Liebe zu sprechen scheint und so religionskritisch den Tod anklagt, dass uns dies alles neuzeitlich anmutet:

JOHANNES VON TEPL

> Grimmiger tilger aller lande, schedlicher echter aller werlte, freissamer morder aller guten leute, ir Tot, euch sei verfluchet! got, ewer tirmer, hasse euch, vnselden merung wone euch bei, vngeluck hause gewaltiglich zu euch:
> (JOHANNES VON TEPL, Der Ackermann aus Böhmen)

Kapitel 3 — Die Literatur des Mittelalters

Beginn der Frühen Neuzeit?

Wir wissen nicht genau, für wen dieser Text geschrieben wurde, wie sich frühhumanistische Einflüsse, moraldidaktische Literatur und Predigtvorlagen zu einem möglichen Erlebnis des Autors verhalten. Man hat gar den Beginn der frühneuzeitlichen Subjektivität hieran festmachen wollen. Aber wir wissen es nicht. Deutlich ist nur, dass etwas anders wird, so dass es fast scheint, als würde eine neue Epoche auch in der Literaturgeschichte beginnen.

4 Zusammenfassung

Wandel der literarischen Kommunikation

Versucht man die Hauptlinien der mittelalterlichen Literatur zu benennen, dann sind das die folgenden: Die Literatur des Mittelalters bildet eine eigene literaturhistorische Epoche vom 8. Jahrhundert bis etwa 1500. Deutlich lassen sich die althochdeutsche, die mittelhochdeutsche und frühneuhochdeutsche Literatur anhand der Veränderungen in der literarischen Kommunikation und der Funktionen unterscheiden.

> **Wandel der literarischen Kommunikation**
> ▶ Wandel der Träger von Literatur vom Kloster, über den Hof zur Stadt hin
> ▶ Wandel von der unselbstständigen, vielfach zufälligen Überlieferung zur eigenständigen höfischen Kultur der Literatur und dann zur Stadtkultur
> ▶ Wandel der Sprache vom Althochdeutschen zum Frühneuhochdeutschen
>
> **Funktionswandel von Literatur**
> ▶ von der der Christianisierung der antiken Welt zur Feudalisierung der Gesellschaft hin zur städtischen Kultur

Dominanz der religiösen Literatur

Besonders irritierend ist für den modernen Leser die große Zahl religiöser Literatur. Wenn etwas für die mittelalterliche Literatur typisch ist, etwas, was sie von der Literatur der Antike unterscheidet, dann ist es die selbstverständliche Gegenwärtigkeit einer durch und durch religiös geprägten Literatur. Eine Literaturgeschichte des Mittelalters wird ihrem Gegenstand nur gerecht, wenn sie diese Gewichtung berücksichtigt. Dass eine deutsche Literaturgeschichte des Mittelalters dagegen gerade die nicht primär religiösen Texte in den Mittelpunkt rückt, verzerrt die historischen Zusammenhänge. Bestimmend war nicht die höfische Literatur, sondern die religiöse.

4 Zusammenfassung

Die zentralen literaturhistorischen Begriffe und gängige Einteilungen orientieren sich sehr stark an den Sprachen, in denen die Werke geschrieben sind. Auffällig sind dabei nur die Bezeichnung der „höfischen Klassik" und verwandte Ausdrücke. Sie versuchen die literaturhistorische Singularität zwischen 1190 und 1230 zu umschreiben. Hier kommt es zu einer Verdichtung der literarischen Kommunikation, die ohne Vorbilder und Nachfolger in der mittelalterlichen Literaturgeschichte bleibt.

Einteilung der mittelalterlichen Literatur

Begriffe und Bezeichnungen	ungefähre Daten
Althochdeutsche Literatur	800–1050
Frühmittelhochdeutsche Literatur	1050–1150
Mittelhochdeutsche Literatur	1150–1350
‚Höfische Klassik'	1190–1230
Frühneuhochdeutsche Literatur	1350–1500

Eine weitere Besonderheit der mittelalterlichen Literatur ist der nur sehr lose Zusammenhang der Gattungen und literarischen Traditionen. Wir müssen davon ausgehen, dass Literatur noch nicht über so dauerhafte Institutionen ihrer Weitergabe verfügt hat, wie wir das seit der Frühen Neuzeit kennen und wie sie auch für die antike Literatur bezeichnend war. Daher brechen Gattungstraditionen im Mittelalter immer wieder auch ab. Das gilt mehr für die Texte in deutscher denn für die in mittellateinischer Sprache. Eine deutsche Literaturgeschichte und eine Literaturgeschichte der deutschen Länder sind daher nicht deckungsgleich.

Mittellateinische und mittelhochdeutsche Literatur

Zuletzt ist für die mittelalterliche Literatur charakteristisch, dass sie vielfach am Übergang zur Frühen Neuzeit abbricht, ihre Gattungen und Werke mehr oder minder unbekannt werden, jedenfalls kaum als Vorlage für weitere Literatur dienen. Literaturgeschichte ist daher kein Kontinuum einer stetig fortlaufenden Literatur, noch wird man einen einfachen Fortschritt etwa einer wachsenden Ausdrucksfähigkeit des Menschen ausmachen können. Alles das gehört zu den Eigenheiten der Epoche der mittelalterlichen Literatur.

Abbruch am Übergang zur Frühen Neuzeit

FRAGEN

1. Warum gibt es nicht den einen Anfang der deutschen Literatur?
2. Welche Funktionen hat die Literatur des Mittelalters?
3. Wie verändert sich die literarische Kommunikation im Lauf des Mittelalters und damit das Verhältnis von Autor, Text und Leser?
4. Inwiefern kann von einem Zusammenhang der deutschen Literatur des Mittelalters überhaupt die Rede sein?

4 Die Literatur der Frühen Neuzeit

1 Die Literatur des Humanismus

Epochendramatik?

Übergänge zwischen Epochen sind für die zeitgenössischen Betrachter meist kaum auszumachen. Dennoch werden sie mit einer Dramatik inszeniert, als ob sich das Neue mit einer unaufhaltsamen Kraft gegen die alte Zeit habe durchsetzen müssen. Für den Übergang zwischen Mittelalter und Früher Neuzeit verweist man gerne auf die revolutionierenden Entdeckungen der Neuen Welt im 15. und 16. Jahrhundert, auf die Erfindung des Buchdrucks oder auf die Durchdringung der europäischen Länder mit den neuen Ideen von Humanismus und Reformation. Tatsächlich war aber auch der Übergang zwischen Mittelalter und Frühe Neuzeit für Zeitgenossen kaum sichtbar und seine Folgen erst im Rückblick abzuschätzen. Fast, – denn für die lesenden und schreibenden, vor allem für die gelehrten Zeitgenossen waren Unterschiede zwischen den Großepochen schon auf ihrer Augenhöhe auszumachen.

Die Erfindung des Mittelalters

Das hat vor allem mit dem europäischen Humanismus zu tun. Die Humanisten waren es, die die Vorstellung vom Mittelalter erfunden haben, und diese Zeit als „dunkel" charakterisierten. Nach dem Ende des goldenen Zeitalters der Antike, sei, so die Humanisten, eine Epoche des kulturellen Niedergangs und des Verlustes bestimmend geworden, die nun abzulösen sei durch eine helle Epoche der Wiedergewinnung der Antike. Mit dem Fall Konstantinopels 1453 kamen zahllose griechische Manuskripte ins westliche Europa und beflügelten diese programmatisch ausgerufene Wiederaneignung, die Renaissance der antiken Welt durch den Humanismus. Getragen von den Gelehrten und ausgehend von Italien wurde der Humanismus zu einer europäischen Bewegung, die bald schon die deutschen Länder erfasste. Auch hier sind die Höfe zunächst der Ort für eine Literatur, die sich dem humanistischen Ideal verpflichtet fühlte, während gleichzeitig die mittelalterliche Literatur weiter geschrieben und vorgetragen wurde. Man kann streiten, wo diese neue Literatur genau beginnt, ob etwa schon bei OSWALD VON WOLKENSTEIN, JOHANNES VON TEPL oder HEINRICH WITTENWILER. Das lässt sich für diese Autoren und ihr Werk deshalb nicht entscheiden, weil wir zuwenig über die Funktion dieser Literatur und ihrer Leser wissen. Daher werden sie in den einen Literaturgeschichten dem Mittelalter zugerechnet, in anderen schon der Frühen Neuzeit.

Die Humanisten dagegen haben keinen Zweifel daran gelassen, die scholastische Tradition des Mittelalters hinter sich lassen zu wollen, nicht um etwas Neues zu etablieren, sondern um die antike Tradition wieder aufleben zu lassen. Und sie fanden Unterstützung zunächst am Prager Kaiserhof, dann aber auch in vielen Städten des Alten Reichs. Was entstand, war eine neue Literatur, die programmatisch in der antiken Sprache des Lateinischen abgefasst war und sich als Erneuerung der antiken Studien verstand. Das war und sollte nicht mehr das Mittellatein sein, sondern das Latein, wie es Cicero gesprochen hat. Emphatisch drückt diese Erwartung an eine Erneuerung der antiken Studien ein Brief des lateinischen Dichters und Reichsritters Ulrich von Hutten (1488–1523) an den Nürnberger Humanisten Willibald Pirckheimer (1470–1530) aus:

Die Erneuerung der antiken Studien

> O Jahrhundert, o Wissenschaften! Es ist eine Lust zu leben, wenn auch noch nicht in der Stille. Die Studien blühen, die Geister regen sich. Barbarei, nimm dir einen Strick und mache dich auf Verbannung gefasst.
> (Brief Ulrichs von Hutten an Willibald Pirckheimer, 25.10.1518)

Huttens Brief geht fast ein ganzes Jahrhundert der Antikenstudien, der *studia humanitatis*, auch in den deutschsprachigen Ländern voraus, die erst allmählich dieses stolze Selbstbewusstsein entwickelt haben, von dem der Brief spricht. Gregor Heimburg (um 1400–1472), Enea Silvio Piccolomoni (1405–1463, seit 1458 Papst Pius II.), Heinrich Steinhöwel (1411/12–1479), Niklas von Wyle (1415–1479), und Albrecht von Eyb (1420–1475), um nur einige der bekanntesten Namen aufzuzählen, haben im Böhmen des 15. Jahrhunderts damit begonnen, auch in den deutschen Territorien humanistische Studien zu betreiben. Heinrich Steinhöwel hat zum Beispiel die antiken und auch mittelalterlichen Fabeln gesammelt und ins Lateinische gebracht. Seine Sammlungen wurden noch bis ins 16. Jahrhundert hinein gerne gelesen. Niklas von Wyle hat mit seinen *Translatzen* oder auch *Tüschungen* die lateinische und italienische Novellenliteratur ins Deutsche übersetzt, so dass ganz neue Textformen Eingang auch in die deutsche Literatur fanden. Alle diese Autoren bildeten ein enges Netzwerk der Gelehrsamkeit und erreichten damit eine Verdichtung der Zusammenhänge von Texten über ganz Europa, die so im Mittelalter kein Vorbild besaß. Die Antikenstudien der Humanisten waren epochal auch anders als

Der böhmische Frühhumanismus

Kapitel 4 — Die Literatur der Frühen Neuzeit

noch im Mittelalter eine dichte Kultur der Texte. Man tauschte Manuskripte aus, reiste zu berühmten Gelehrten und korrespondierte quer über Europa hinweg in neulateinischer Sprache, so als habe es das ‚dunkle' Mittelalter nicht gegeben.

ERASMUS VON ROTTERDAM

Im Mittelpunkt dieser humanistischen Bestrebungen nicht nur in Deutschland stand DESIDERIUS ERASMUS VON ROTTERDAM (1465–1536), dessen Werk eine bis heute ungewöhnliche Spannbreite der Gattungen und Themen aufweist. Im Zentrum steht die philologische Arbeit vor allem an den Texten der christlichen Überlieferung, darunter eine in lateinischer Sprache kritisch kommentierte Ausgabe des griechischen *Neuen Testaments* (erste Ausgabe 1516). Sie wurde zur Vorlage für spätere Bibelübersetzungen wie der Übersetzung MARTIN LUTHERS oder auch für die *King James-Bibel* in England. Dazu kommen Sittenlehren des ERASMUS', die wie seine *Adagia* [*Sprichwörter*] (1500, wiederholt erweitert und neu aufgelegt) die Gattung des Essays begründen sollte und ihrerseits aus dem Studium der antiken Weisheitsliteratur entstanden war. Für Jahrhunderte wurde es zu einem der meist gelesenen Büchern, dem solche uns noch geläufigen Wendungen wie „Öl ins Feuer gießen" oder „Eulen nach Athen tragen" entstammen. ERASMUS' Satiren wie die oft nachgeahmte und übersetzte lateinische Lehrrede *Encomium Moriae* [*Lob der Torheit*] von 1509 geben in der Verkehrung, hier der Lobrede der Torheit auf die Eitelkeiten der Welt, zu erkennen, was der menschlichen Vernunft eigentlich angemessen wäre, was sie aber oft verfehlt. Das Lob der Torheit meint also im Gegenteil gerade die Kritik an den menschlichen Torheiten.

CONRAD CELTIS

Zur gelehrten Kultur der Humanisten gehörte auch die lateinische Lyrik, die hier Nachahmung vor allem der römischen Literatur war. CONRAD CELTIS (1459–1508) etwa, der weitgereiste Humanist, Geograph, Astronom und Mathematiker aus Köln, ahmt in seiner Sammlung *Quattuor libri amorum* [*Die vier Bücher der Liebesgedichte*] von 1502 die Lyrik OVIDS und HORAZ' nach. Ausführlich befasste er sich mit der antiken Verslehre und gab die antike Beschreibung der deutschen Provinzen durch TACITUS, dessen *Germania* 1500 erstmals wieder heraus. Sie hat er in seinem großen Projekt der *Germania illustrata* [*Illustrierte Geschichte Deutschlands*] fortzuführen versucht. Hierfür hat er alle damals greifbaren wissenschaftlichen Erkenntnisse zur Geschichte Deutschlands zusammengetragen.

1 Die Literatur des Humanismus

Andere Autoren wie Johannes Reuchlin (1455–1522) schrieben neulateinische Komödien, in der Erwartung, das deutsche Theater durch Rückgriffe auf die antiken Muster erneuern zu können. Doch im Zentrum der humanistischen Erneuerung der Literatur stand die philologische Arbeit an den antiken Texten und der christlichen Überlieferung. Beide Traditionen standen für die Humanisten in einem mal mehr, mal weniger spannungsvollen Verhältnis. In den anonym veröffentlichten *Epistolae obscurorum virorum* [*Dunkelmännerbriefen*] werden in fingierten lateinischen Briefen die traditionelle christliche Gelehrsamkeit, die Scholastik des Mittelalters vehement angegriffen und der Lächerlichkeit preisgegeben. An diesen Briefen war nicht nur der fulminante satirische Ton neu. Neu war vor allem, dass solche Auseinandersetzung um die christliche Lehre jedem, der Latein lesen konnte, zugänglich war. Statt nur ein Konflikt unter Theologen verschiedener Schulen zu sein, wurde hier die gesamte gelehrte Öffentlichkeit Europas angesprochen. Entstanden war eine gelehrte Öffentlichkeit.

Johannes Reuchlin

Der größte Teil dieser Literatur ist neulateinisch. Das ist jenes nicht mehr – aus Sicht der Humanisten – „barbarische" Latein des Mittelalters, sondern das antike Latein, wie es römische Autoren wie Cicero oder Horaz geschrieben haben.

Neulatein und Volkssprache

> **DEFINITION**
>
> *Neulatein bezeichnet eine Sprachform des Lateinischen, in der die Literatur seit dem Spätmittelalter und dann besonders in der Frühen Neuzeit verfasst wurde. Im Unterschied zur mittellateinischen Literatur zeichnet sich die neulateinische Literatur in der Regel durch den bewussten Rückgriff auf antike Vorbilder der römischen Literatur aus. Verwendet wird meist eine an die sogenannte „Goldene Latinität" des 1. Jahrhunderts v. Chr. angelehnte Sprachform.*

Nicht geringe Anstrengungen haben die Humanisten angestellt, möglichst genau so zu schreiben wie diese für sie vorbildlichen antiken Autoren. Nur selten haben sie dagegen verdeutscht. Man blieb unter sich.

Sebastian Brant (1457–1521), Humanist, kaiserlicher Rat und Jurist, ist mit seinem volkssprachlichen und gerade deshalb so populär gewordenen *Narrenschiff* (1494) eher eine Ausnahme unter den humanistischen Autoren. Seine gereimte Satire gegen die Missstände der Zeit führen 111 Narren vor, die jeweils unterschied-

Sebastian Brant

55

Kapitel 4 — Die Literatur der Frühen Neuzeit

liche menschliche Torheiten und Laster quer durch alle Stände verkörpern. Die Reihe der Narreteien wird nur lose durch eine Rahmengeschichte von den Narren, die ein Schiff besteigen und sich auf die Reise nach Narragonien machen, zusammengehalten, mehr dagegen durch die reichlich eingestreuten Sprichwörter. Die Holzschnitte, die großenteils ALBRECHT DÜRER zugeschrieben werden, haben ihrerseits zum Erfolg des Buches beigetragen. Wie die Literatur der Frühen Neuzeit überwiegen auch in dieser Literatur unverstellte didaktische Absichten. Hier wird von Lastern, Torheiten und Sünden gesprochen, um vor ihnen zu warnen. Ein Beispiel sind die unnütz-eitlen Studien der Studenten.

> von vnnutzē studieren
>
> Dann so sie soltten vast studieren
> So gont sie lieber bůbelieren
> Die jugent acht all kunst gar kleyn
> Sie lerent lieber yetz alleyn
> Was vnnütz vnd nit frůchtbar ist
> Das selb den meystern ouch gebrüst
> Das sie der rehten kunst nit achten
> Vnnütz geschwetz alleyn betrachten
> Ob es well tab syn / oder nacht
> Ob hab eyn mensch / eyn esel gmacht
> Ob Sortes oder Plato louff
> Sollch ler ist yetz der schůlen kouff /
> Syndt das nit narren vnd gantz dumb
> Die tag vnd nacht gant do mit vmb
> Vnd krützigen sich vnd ander lüt
> Keyn bessere kunst achten sie nüt
> Dar vmb Origines / von jnñ
> Spricht / das es sint die frœsch gesyn
> Vnd die hundsmucken die do hant
> Gedurechtet Egypten landt /
>
> (SEBASTIAN BRANT, Das Narrenschiff, 1494)

Besonderheiten des deutschen Humanismus

Zugleich zeigt das Beispiel SEBASTIAN BRANT auch die Grenzen des Humanismus im Alten Reich an. Er blieb weitgehend eine Angelegenheit unter Gelehrten. Das *Narrenschiff* ist die Ausnahme, nicht die Regel. Nicht zuletzt dieser Umstand hat diese Literatur bis heute zu einer Literatur für Spezialisten gemacht und zum Desinteresse an der Literatur der Frühen Neuzeit beigetragen, das bis heute nicht überwunden ist.

1. In ihrem Mittelpunkt steht die gelehrte Auseinandersetzung, rhetorisch glanzvoll, in der Formensprache aber auf Traktate, Abhandlungen und Satiren weitgehend beschränkt. Das ist in den anderen europäischen Literaturen Frankreichs oder Italiens gerade anders. Hier waren im engeren Sinn literarische Formen, ob die Novelle oder das Sonett, keine Beiläufigkeit neben der ernsthaften wissenschaftlichen Anstrengung.

   Gelehrte Literatur

2. Eine wirkungsvolle Theorie der Dichtung, wie sie in den romanischen Ländern in Auseinandersetzung mit der *Poetik* des ARISTOTELES formuliert wurde, fehlt. Wie Literatur zu sein hatte, war nur vereinzelt Gegenstand ausdrücklicher poetologischer Beschreibungen und würde eher implizit durch die Nachahmung antiker Formen erörtert.

   Keine Dichtungstheorie

3. Ebenso fehlt eine Aufwertung der volkssprachlichen Literatur, wie wir sie im frühneuzeitlichen Europa vielerorts sonst finden. Die Volkssprache galt nicht als eine Literatursprache. An eine Kultivierung der Volkssprache zu einer Sprache der Kunst dachten die Humanisten mit Blick auf das Deutsche nicht, während zur selben Zeit etwa auch die englischen Humanisten vielfach in ihrer Muttersprache schrieben und die antike Literatur ins Englische übersetzt hatten. In der Romania bestand eine fast lückenlose Kontinuität volkssprachlicher Literatur. Auch das fehlt im deutschen Humanismus.

   Geringe Bedeutung der Volkssprache

Alles dies hat nicht zuletzt in den Traditionen der Literaturgeschichtsschreibung dazu geführt, die Literatur der Frühen Neuzeit und hier insbesondere die neulateinische Literatur und ihre Autoren abzuwerten. Das wird den epochalen Leistungen dieser Erneuerungsbewegung nicht gerecht, weil es den falschen Maßstab ansetzt: den der Nationalliteratur des 19. Jahrhunderts. Ihr gilt literaturhistorisch nur das als bedeutsam, was der Durchsetzung einer nationalsprachlichen Literatur zum Durchbruch verholfen hat. Gerade das war aber gar nicht die Absicht der Humanisten, weil in ihrer Sicht eine Literatur wie die alt- und mittelhochdeutsche Literatur als unbedeutend galt gemessen an den antiken Werken.
Dabei liegen die epochalen Leistungen des Humanismus auf der Hand, die erst begründen, warum hier von einer anderen, von der

Nationaliterarische Abwertung des Humanismus

Kapitel 4 Die Literatur der Frühen Neuzeit

Literatur des Mittelalters klar zu unterscheidenden Epoche gesprochen werden muss:

Literatur der Städte

1. Die Literatur wandert mit dem Humanismus von der Klöstern und Höfen in die Städte und Universitäten. Sie gewinnt eine neue, vielfach gesamteuropäische gelehrte Öffentlichkeit.

Antikenbezug und Konfessionalisierung

2. An die Stelle der Funktion von Literatur im Mittelalter für Prozesse der Christianisierung und Feudalisierung tritt der Bezug zur Antike und der einer Konfessionalisierung, einer Durchdringung möglichst vieler Lebensbereiche mit christlichen, dann bald durch die Reformation auch konfessionell getrennten Vorstellungen vom christlichen Leben.

Verstetigung der literarischen Kommunikation

3. Die Verstetigung der literarischen Kommunikation ist keine geringe Leistung auch des Humanismus. Denn nun studieren Autoren mit philologischer Gründlichkeit antike Mustertexte ebenso, wie sie die Texte anderer Humanisten aufnehmen, fortführen und bewerten. Texte sind in der Frühen Neuzeit keine Einzelfälle, die sich nur selten aufeinander beziehen würden. Sie bilden vielmehr ein Programm für die gelehrten Studien quer über die Jahrhunderte und über die nationalsprachlichen Grenzen hinweg. Die Erneuerung des Lateins ist die Grundlage dafür.

Eigenständige Epoche

Die Literatur der Frühen Neuzeit gewinnt daher mit dem Humanismus und dann mit der Reformation eine epochale Eigenständigkeit, die die Bedeutung von Autor, Text und Leser verändern. Der Autor wird als Person greifbar, vielfach aufgewertet. Neue Autorengruppen kommen hinzu. Die Bücher sind immer weniger Ausnahmeobjekte wie noch im Mittelalter, die dort in repräsentative Kontexte eingebunden waren. Sie werden alltäglicher, wenn auch noch nicht so selbstverständlich, wie uns heute Bücher sind. Neue Formen kommen hinzu, zunächst durch den Rückgriff auf antike Muster, dann auch durch die Reformation, sowie durch volkssprachliche Unterhaltungsliteratur. Wie das Schreiben, so verliert auch das Lesen allmählich seinen Ausnahmecharakter, auch wenn es immer noch außerhalb gelehrter Zusammenhänge vor allem ein lautes Vorlesen in Gruppen meint.

Autor
- Personalisierung der Autorschaft (Autographe, Namensnennungen im Werk, biographische Daten überliefert, Autorenbilder)
- Rangerhöhung der Autoren (Dichterkrönungen, Vorläufer des Urheberrechts, Schreiben des eigenen Autornamens)
- neue Autorengruppen (Kanzlisten, Gelehrte, Zunftbürger u. a.)

Text
- Veralltäglichung des Buchs (Buchdruck, Abschriften)
- *studia humanitatis* (Orientierung an den antiken Vorbildern: Beschäftigung mit der antiken Tradition der Grammatik, Rhetorik, Dichtung, Geschichtsschreibung, Philosophie)
- Verbreitung der volkssprachlichen Texte (z.B. Flugblätter, Lieder)
- einfachere Formen (Meistersang, „Volkslieder", Schwänke, Prosaromane, Fastnachtsspiele)
- unhöfische Stoffe (phantastische Stoffe, „niedere" Themen)

Leser
- Veralltäglichung des Schreibens/(Vor-)Lesens (Schulwesen, Spinnstuben)
- Lesen auch in privaten Kreisen

2 Die Literatur der Reformation

Die gelehrte Literatur der Humanisten prägt nicht allein die literarische Welt der Frühen Neuzeit, auch wenn der Zugang zum Lateinischen für komplexere Formen der Literatur noch Jahrhunderte lang eine der wichtigsten Voraussetzungen war, zu der etwa Frauen der Zugang versperrt war, und in der Hierarchie der Gattungen die gelehrte, auf der Kenntnis der antiken Musterautoren und -texte beruhende Literatur oben an stand. Zu den epochalen Besonderheiten der frühneuzeitlichen Literatur gehören die vielen Spielarten einer volkssprachlichen Literatur, die selten für sich einen Kunstanspruch reklamiert hat. Das ganz einfach deshalb nicht, weil Kunst als *Ars* im Sinne einer Kunstfertigkeit aufgefasst wurde, die ohne Kenntnis der antiken Rhetorik und ohne Kenntnis der antiken Literatur gar nicht einen künstlerischen Anspruch stellen konnte. Die volkssprachliche Literatur war in diesem Verständnis daher

Volkssprachliche Literatur

Kapitel 4   Die Literatur der Frühen Neuzeit

keine künstlerisch zu begreifende Literatur und wollte das auch nicht sein. Gleichwohl gehört etwa der volkssprachliche Roman zu den Vorläufern des modernen Romans.

Lesen und Schreiben

Zu den Voraussetzungen der volkssprachlichen Literatur zählt die gestiegene Fähigkeit des Lesens und des Schreibens, besonders in den Städten. Hier wurde nicht nur das gelehrte Latein, sondern erst einmal der lesende und schreibende Umgang mit der Volkssprache eingeübt – und das mehr als man zum Zählen von Getreidesäcken und Schreiben des eigenen Namens benötigt hat. Auf einem Aushängeschild von 1516 in der Stadt Basel etwa wird damit geworben, dass jeder, sofern er nur zahlt, lesen und schreiben lernen kann, gleich ob er Handwerker oder Bürger, Frau oder Jungfrau sei. Ein Bild auf dem Schild zeigt typisiert den Schüler auf einer Bank sitzend, gebeugt über den Text. Der Lehrer hält die Rute in der Hand, Wahrzeichen des Lehrers seit der Antike. Der Schüler hat laut den Text zu lesen. Leise lesen, das konnten nur wenige. Im Hintergrund des Bildes auf dem Aushängeschild erkennt man die Frau des Lehrers, die ein Mädchen im Lesen unterweist. Lesen, das getrennt vom Schreiben erlernt wurde, konnten im 15. und 16. Jahrhundert daher durchaus nicht nur die Gelehrten, Kleriker und manch einer in den sogenannten höheren Ständen. Ende des 16. Jahrhunderts verfügte eine Stadt wie Lübeck über mehr als 60 Schulen, die auch Karrenführern, Schlachterknechten, ausländischen Gesellen, Matrosen und Handwerkern offen standen. Oft waren diese Schulen nicht eben groß, Winkelschulen oder eine Schule, die der Küster als kleiner zusätzlicher Broterwerb abhielt. Daneben gab es aber immer auch und immer mehr größere Schulen mit mehr als 40 Schülern. Eigene Schulen für Frauen wurden eingerichtet, in denen in Lübeck Seemannsfrauen als Lehrerinnen unterrichteten. An den Hornbüchern, die auf einem kleinen Brett mit einem Griff hinter einer Art Scheibe aus durchsichtigem Horn ein Blatt mit den Buchstaben und meist dem Vaterunser zeigten, lernten gerade in den Städten viele. Man schätzt die Alphabetisierungsrate bei starken regionalen Unterschieden auf mehr als 10 Prozent. Das Gefälle zwischen einer Stadt wie Florenz, wo im 14. Jahrhundert fast jedes zweite Kind eine Schule besuchte, und irgendeinem Dorf im Schwarzwald oder in der Heide ist kaum zu überschätzen. Das Lesen, Schreiben und Rechnen übersprang so die Mauern der Lateinschulen und Universitäten und ging in die Gassen der Städte. Es war in der Frühen Neuzeit nicht mehr nur auf das Latein angewiesen und war nicht nur eine Angelegenheit der Höfe. Das hatte Folgen auch für die Literatur. Stadt und Literatur gehörten erstmals zusammen. Das unterscheidet die frühneuzeitliche Literatur von der des Mittelalters.

Eine der Folgen dieser grundlegenden Veränderung der Literatur war die Entstehung der „Meistersinger" in den süddeutschen Reichsstädten, die teilweise bis zum 19. Jahrhundert fortbestanden. Das Vorbild dieser volkssprachlichen Meistersingerliteratur sind die „Meister" des Hochmittelalters, vor allem die der Spruchdichtung. Ihre Lieder wurden als Muster aufgefasst, in zahlreiche Regeln aufgeteilt und nachgeahmt. Dabei wurden die genaue Einhaltung der Silbenzählung in den Verszeilen und der strikte Wechsel von unbetonten und betonten Silben gefordert. Das hatte in dieser Schematisierung dann nur wenig mit der mittelalterlichen Sangspruchdichtung zu tun. Auch thematisch standen nicht die feudale Ritterwelt im Mittelpunkt, sondern biblische Stoffe. Der Meistergesang war zudem wie eine Zunft organisiert. In monatlich durchgeführten Vereinswettbewerben in Kirchen, Rathäusern oder Wirtshäusern wurden die vorgetragenen Lieder nach den vorgegebenen Regeln durch die Gildenleitung, den „Merker", bewertet. Sieger war der Sänger, der die wenigsten Fehler gegenüber dem Regelwerk aufzuweisen hatte. Um Meister zu werden, musste ein neuer Ton, eine Verbindung von Melodie und Text gefunden werden, die dann auch fehlerlos vorgetragen werden musste. Das alles hat wenig mit unserem Kunstbegriff zu tun, sondern war ganz an handwerklichen Vorstellungen einer lehrbaren Regelpoetik orientiert, die hier betont einfach gehalten war.

Meistersinger

HANS SACHS (1494–1576) ist der bis heute bekannteste Meistersinger. Er hat mehr als 4.000 Meisterlieder verfasst und darüber hinaus noch mehrere hundert Fastnachtsdramen. Auch wenn SACHS Autodidakt war, so kannte er aus der Lateinschule die antiken Autoren und den Humanismus. Wie selbstbewusst er als Autor war, geht auch aus dem für das Mittelalter noch fremden Umstand hervor, dass er selbst eine Ausgabe seiner Werke vorbereitet hat. 1558 begann er mit der Herausgabe der Nürnberger Folioausgabe seiner Werke und trug damit maßgeblich zur Verbreitung seiner Fastnachtsspiele, Schwänke, Dramen, Gedichte und Prosadialoge im Druck bei. Auch dieses Selbstbewusstsein der eigenen Autorschaft, zumal einer nicht gelehrten, gehört zu den Eigentümlichkeiten der frühneuzeitlichen Epoche.

HANS SACHS

Kapitel 4 Die Literatur der Frühen Neuzeit

‚Volkslieder'

Der Meistersang beschreibt nur einen kleinen Teil der frühneuzeitlichen Lyrik. Lieder, so genannte „Volkslieder", die in einfachen Versen und auf eingängige Melodien gesungen wurden, finden sich in reicher Zahl im 15. und 16. Jahrhundert. Das hat die Romantiker dazu veranlasst, diese Lieder als Ausdruck eines deutschen Volksgeistes zu verklären. Nur sind ihre Autoren, wo sie überhaupt namentlich bekannt sind, gerade nicht die einfachen Leute aus dem Volk, sondern selten ganz ohne Kenntnis des Lateinischen. Sie sind Stadtpatrizier, Zunftmeister, Juristen und Kanzlisten – und die Komponisten der Melodien professionelle Musiker wie HEINRICH ISAAC (um 1450–1517), die an den großen Höfen der Zeit wie Innsbruck und Florenz Anstellung fanden. ISAAC wird auch die Melodie zu dem von unbekanntem Dichter verfassten Lied *Innsbruck ich muss dich lassen* zugeschrieben:

> Mein Trost ob allen Weiben, dein tu ich ewig bleiben
> stet, treu, der Ehre frumm
> Nun muss dich Gott bewahren, in aller Tugend sparen
> bis dass ich wiederkumm, bis dass ich wiederkumm.
> (letzte der drei Strophen von *Innsbruck ich muss dich lassen*, um 1493)

Kontrafaktur

Beliebt waren Kontrafakturen, das sind Umdichtungen eines weltlichen Gedichts in ein geistliches und auch umgekehrt, indem etwa beliebte Melodien wie die dieses Liedes mit einem neuen Text versehen wurden. So hat der Barockdichter PAUL GERHARDT auf dieses Liebeslied *Innsbruck ich muss dich lassen* sein Gedicht *O Welt ich muss dich lassen* geschrieben, das dann Eingang ins evangelische Gesangbuch gefunden hat. Lieder hatten da nicht irgendwie ihren Ort im „Volk", sondern gehörten als Gemeindelieder in Kirchen und waren zurückgebunden gerade an städtische Einrichtungen. Hier wurden sie meist gemeinschaftlich gesungen.

Fastnachtsspiel

Das gilt auch für die neue Gattung der Fastnachtsspiele. Zwar kannte das Mittelalter neben den lateinischen Lesedramen einer HROSVIT VON GANDERSHEIM auch theatrale Spielformen seit dem 13. Jahrhundert, etwa das volkssprachliche Osterspiel. Es wurde zur Veranschaulichung der Osterbotschaft aufgeführt. Aber diese Spiele waren zunächst eng an die Liturgie und Verkündigung der Kirche gebunden. Mit dem Fastnachtsspiel dagegen kommen seit dem 14. Jahrhundert theatrale Formen auf, die sich von den religiösen Vorgaben lösen und nicht selten die Lust am Spektakel, an Obszönitäten und Derbheiten bis zur offenen Gewalttätigkeit allein herausstellen. Auch hier sind es einfache Paarreime, die benutzt werden, um oft über mehrere Tage Theater inmitten der Städte zu spielen. Nur Männer waren dafür zugelassen. Die Stücke der Nürnberger Handwerksmeister und Dichter HANS ROSENPLÜT (um 1400–1460), HANS FOLZ (1435–1517) oder HANS SACHS, sparen nicht mit Verunglimpfungen ob der Juden oder auch der Kleriker. Den Stücken fehlt eine verbindende Handlung ebenso wie ein dramatischer Konflikt. Geboten werden eine Art Revue von komischen Situationen, oft in einer Reihung von grotesk übertriebenen Geschichten, die von einem „Ausschreier" eingeleitet werden und dann von den Schauspielern der Reihe nach erzählt werden: „Und Heinz Gotz mit der lamen hant / Und du Herman Hans von Trimatei / Und du Rubenschlunt von Safferei / Und Fullendrussel Wissmirdasgeseß / Und Piersieder von dem Gefreß, / Last horen, was euch sei geschehen, / Was ieder wunders hab gesehen". Mit dem uns vertrauten Theater hat dies alles wenig zu tun. Eher entspricht dieses Theater dem, was heute die Fernsehkultur ist.

Die Aufzählung dieser volkssprachlichen Literatur zeigt an, dass die Reformation mit ihrem Anliegen, die Religion zu reinigen und zu erneuern, auf eine Öffentlichkeit gerade auch in den Städten traf, die durch Lesen und Schreiben konstituiert war. Volkssprache war hier das Medium der Öffentlichkeit. Die verschiedenen Reformatoren fanden daher mit ihren Schriften in der Volkssprache Anfang des 16. Jahrhunderts schnell Verbreitung. Die Reformation begann sehr rasch selbst zu einer Bewegung anzuwachsen, die nun ihrerseits damit anfing, den Umgang mit Literatur zu bestimmen. Nicht den mit der Literatur im engeren Sinne, sondern in dem weiten Sinn, der vor allem Moralliteratur und religiöse Literatur meint. Damit wurde die Volkssprache grundsätzlich aufgewertet. Sie vermochte nichts Geringeres zu tragen als die Verkündigung des Wortes Gottes. Das hat niemand mit einer vergleichbar weitreichenden Wirkung vermittelt wie MARTIN LUTHER (1483–1546). Programmatisch formuliert LUTHER diesen Anspruch in seinem *Sendbrief vom Dolmetschen* 1530:

MARTIN LUTHER

> Man muß die Mutter im Hause, die Kinder auf der Gasse, den gemeinen Mann auf dem Markt darum fragen und denselbigen auf das Maul sehen, wie sie reden, und danach dolmetschen.
> (MARTIN LUTHER, Sendbrief vom Dolmetschen, 1530)

Kapitel 4   Die Literatur der Frühen Neuzeit

Übersetzung der Bibel

Es blieb nicht bei dieser Forderung. LUTHER hatte 1521 das ganze *Neue Testament* ins Deutsche übertragen – *Das Newe Testament Deutzsch* –, 1522 erschien es in Wittenberg im Druck. Das *Alte Testament* folgt 1534. Damit war die ganze Bibel, die bis dahin dominant als lateinische *Vulgata* vom Klerus und den Gelehrten gelesen wurde, in der Volkssprache zugänglich und fand im Druck eine ungeahnte Verbreitung.

Frühneuhochdeutsch

Da es keine einheitliche deutsche Literatursprache gab, orientierte sich LUTHER bei seinen Übersetzungen an dem Sprach- und Schreibgebrauch der sächsischen Kanzlisten, die den Ton in Meißen, aber auch Prag und Eger angaben und trieb damit die Vereinheitlichung der deutschen Sprache voran, die wir auch das Frühneuhochdeutsche nennen.

> **DEFINITION**
>
> *Frühneuhochdeutsch ist eine Sprachstufe zwischen dem Mittelhochdeutschen und dem heutigen Deutsch (ca. 1350 bis 1650). Das Frühneuhochdeutsche ist durch mehrere Lautwandlungsprozesse (Dehnung in offener Tonsilbe, neuhochdeutsche Monophtongierung und Diphtongierung, Umstellung auf eine Akzentsprache) von den anderen Sprachstufen des Deutschen abgegrenzt.*

Vielfach kann man in der Übersetzung auch noch den lateinischen Text von LUTHERS Vorlage, also die *Vulgata* durchscheinen sehen, etwa bei der Übersetzung des Segensspruchs aus dem Brief an die Philipper (Phil 4, 7):

Vulgata	Luther
Et pax Dei / quæ exsuperat / omnem sensum / custodiat corda vestra et intelligentias vestras in Christo Jesu	Vnd der friede Gottes / welcher höher ist / denn alle vernunfft / beware ewre hertzen vnd sinne in Christo Jhesu

Dennoch war das Ergebnis umstürzend neu, verstand sich aber als Wiederherstellung des Glaubens, nicht als Umsturz. Gerade deshalb hatte die Bewegung der Reformation auch einen so großen Zulauf. Die Vorstellung einer modernen Revolution wie der von 1789 fehlt im 16. Jahrhundert.

2 Die Literatur der Reformation

Die Verbindung von Buchdruck und reformatorischer Bewegung setzte eine Dynamik der Buchkultur frei, die dem Lesen einen ganz neuen Status verlieh. „Lesen können habe sich noch nie als so nützlich erwiesen wie jetzt, da jeder deshalb lesen lerne, damit er GOTTES Wort und Auslegung selber lesen und umso besser darüber urtheilen könne", notiert 1527 VALENTIN ICKELSAMER, einer der Anhänger der Reformation, in seiner Schrift *Die rechte weis auffs kürzlist lesen zu lernen*. Die Reformatoren forderten zur persönlichen Selbstthematisierung eigener Erfahrung auf, eine Thematisierung, die über die Bibel und die Lieder ihre Worte finden sollte. Schulen wurden im Zuge der Reformation zu städtischen und landesherrlichen Anstalten, die nicht mehr Mönche und Priester zum Lehrer hatten. Schulen wie die zu Meißen, Pforta oder Grimma zeugen davon. Wenige Jahre nach seinen Wittenberger Thesen richtete LUTHER 1524 ein Sendschreiben *An die Bürgermeister und Ratsherren aller Städte in deutschen Landen, dass sie christliche Schulen aufrichten und halten sollten*. Das Schulwesen wurde verweltlicht, die Volkssprache aufgewertet und die Inhalte wandelten sich. Reformatoren wie PHILIPP MELANCHTHON, ULRICH ZWINGLI oder JOHANN STURM rückten an die Stelle der biblischen Kommentarliteratur und der patristischen Schriften die klassischen römischen Autoren, besonders CICERO und hier dessen Schrift über die Pflichten *De officiis*. Sie fügten das Griechische in den Lehrkanon ein. HOMERS Sprache wurde studiert, um das wahre Wort Gottes, so wie es im griechischen Originaltext des *Neuen Testaments* steht, studieren zu können. Autoren wie ICKELSAMER schlugen neue Methoden vor, um das Lesen zu lernen, die Lautiermethode, die die hergebrachte Buchstabiermethode im Leseunterricht verdrängte. Bilder wie den sich windenden Aal für den Buchstaben A und das Eselsohr für den Buchstaben E sollte das Lesenlernen erleichtern.

Lesen und Reformation

Dazu kamen die Flugschriften, meist Einblattdrucke in der Volkssprache, die auf die politisch-religiösen Zustände aufmerksam machten und in den Städten und Dörfern von den Lesekundigen vorgelesen wurden. Waren diese Schriften vielfach auf die polemische Abgrenzung vor allem gegen den römischen Papst gerichtet, so dienten die Gemeindelieder der Festigung des konfessionellen Glaubens. LUTHER hat selbst knapp vierzig solcher Lieder geschrieben, darunter etwa das bekannte Lied *Vom Himmel hoch da komm ich her*, die in seinem *Geystlichen gesangk buchleyn* von 1524 gesammelt sind und eine enorme Wirkung entfaltet haben. An die Stelle der wilden Spiele setzten die Reformatoren wie der Mitarbeiter

Flugblätter, Schuldramen und Gemeindelieder

65

Luthers und Humanist PHILIPP MELANCHTHON (1497–1560) das humanistische Schuldrama. In der Summe trug die Reformation damit zu einer gegenüber dem Mittelalter völlig neuen literarischen Kultur so nachhaltig bei, dass die Literatur der Frühen Neuzeit zu einer ganz anderen Literatur geworden ist.

3 Die Entdeckung der Prosa

Funktionen der Literatur

Der Frühen Neuzeit scheint das zu fehlen, was im engeren Sinn des Begriffs ‚Literatur' heißt. Viele pragmatisch motivierte Formen im Gemeindelied, in der Sittenliteratur oder im Flugblatt lassen sich ausmachen. Aber eine Literatur, die auf Fiktionalität aufbauen würde oder auf formaler Kunstfertigkeit, scheint nur am Rande zu finden zu sein, und dann eher in neulateinischer Sprache. Eben dieser Befund hat zu einer bis heute andauernden Abwertung der Literatur der Frühen Neuzeit geführt. Sie gilt als ‚volksnah', wenn nicht derb, so jedenfalls einfach und damit ‚altdeutsch', aber kaum jemals als kunstfertig. Das aber war nicht die Bewertung der zeitgenössischen Leser, für die Literatur keinen autonomen Kunststatus haben sollte, sondern ganz selbstverständlich eingebunden war in gesellschaftliche Funktionszusammenhänge. Dazu gehört in der Frühen Neuzeit die Funktion der Sozialdisziplinierung. Literatur war schon im Mittelalter nicht autonom, sondern mit Funktionszusammenhängen der Christianisierung und Feudalisierung verknüpft. In der Frühen Neuzeit wandelt sich dieser Funktionszusammenhang. An die Stelle der Christianisierung und Feudalisierung tritt die Konfessionalisierung, die Durchdringung der Gesellschaft mit einem christlichen Glaubensbekenntnis ebenso wie die Sozialdisziplinierung, die Einhegung der zwischenmenschlichen Gewalt.

Kleinformen

Gerade wegen dieser funktionalen Einbindung von Literatur entwickelte sich eine Eigenständigkeit von Literatur gegenüber gesellschaftlichen Funktionsansprüchen gerade dort, wo Literatur mit geringer Wertigkeit ausgestattet war. Das war die erzählende Prosa, denn sie galt wenig, hatte sie doch keine hohe Wertigkeit in der antiken Tradition, noch schien Prosa besonders kunstvoll zu sein verglichen mit dem Vers. Auch war die Prosa in volkssprachlichen Gattungen zu finden und daher ohne gelehrte Legitimität. Verbreitung fanden die kleinen Formen wie die Fabeln, Mæren, Wundererzählungen, Historien, Anekdoten und Schwänke, die alle unverstellt eine moralisierende Funktion exponieren und zugleich unterhalten.

3 Die Entdeckung der Prosa

Sie wurden gesammelt und in Sammlungen wie JÖRG WICKRAMS (um 1505–vor 1562) *Rollwagenbüchlin* (1555) publiziert, ohne eine eigenständige Handlung zu entfalten, wie schon das Titelblatt zu erkennen gibt: „Ein neüws / vor vnerhörts búchlein / darin vil guter schwenck vnd Historien begriffen werden / so man in schiffen vnd auff den rollwegen / deßgleichen in scherheüseren vnnd badstuben / zû langweiligen zeiten erzellen mag / die schweren Melancolischen gemúter damit zû ermúnderen / vor aller menigklich Jungen vnd Alten sunder allen anstoß zû lesen vnd zû hören". WICKRAM wie andere Autoren waren gebildete Stadtbürger, oft aus dem Patriziat der Stadt, Handwerksmeister, Schreiber und Juristen und nicht einfache Leute aus dem Volk, so simpel die Weisheiten und literarischen Formen auch sein mögen. Die romantische Vorstellung, dass diese Literatur, gerade weil sie so ungelenk ist, eine ‚Volksliteratur' sei, daher von ‚Volksliedern' und ‚Volksbüchern' die Rede sein müsse, ist also nicht zu halten. Interessant ist dagegen, dass in diesen komischen Schwänken und lehrreichen Historien, – das sind glaubhafte Geschichten –, ganz neue ‚unerhörte' Stoffe bis hin zu phantastischen Überlieferungen Eingang in die Literatur finden. Sie sollten der Unterhaltung wie der Erbauung dienen. Gerade sie wurden zum populären Lesestoff der Frühen Neuzeit.

JÖRG WICKRAM

Das ist besonders deutlich in den Prosaromanen. Der Roman kommt in der antiken Gattungspoetik nicht vor, auch wenn in der Antike Romane geschrieben und gelesen wurden. Die deutschen Prosaromane der Frühen Neuzeit knüpften nicht an die spätantike Tradition an, noch an die Novellistik der romanischen Renaissance. Sie waren ein Neuanfang, ohne es sein zu wollen, denn sie nehmen mittelalterliche Stofftraditionen und höfische Motive auf, ohne die feudal-ritterliche Selbstverständigung mit zu übernehmen. *Hug Schapler* ist ein solcher Prosaroman, der durch eine Prosaübersetzung aus dem Französischen entstanden ist, die ELISABETH VON LOTHRINGEN (1395–1456) um 1437 angefertigt hat. 1500 erscheint der Roman erstmals auch im Druck. Der Ritterroman enthält die sagenhafte Geschichte Hugo Capets, der als Metzgersohn auftritt und schließlich durch Tapferkeit den Königsthron erwirbt. Schon diese Hauptlinie entspricht nicht adligem Selbstverständnis. Phantastische Motive wie die Löwin, die den Prinzen aufzieht, kommen hinzu und haben Bücher wie den *Hug Schapler* zu den vielfach gelesenen neuen Prosaromanen der Frühen Neuzeit gemacht, der gerade in den Städten seine Leser und Leserinnen fand. Diese Romane repräsentieren nicht mehr ein feudales Selbstverständnis, sondern

Prosaromane

haben ihren Ort trotz gelegentlicher höfischer Einkleidung ganz in den Städten.

Fortunatus

Im 16. Jahrhundert werden diese Prosaromane, die zunächst auf Übersetzungen beruhten, eigenständig, ohne damit einen hohen Kunstanspruch einzufordern. Der anonyme *Fortunatus*-Roman von 1509 ist ein Beispiel dafür. Erzählt wird die Geschichte des Fortunatus, der nach dem Bankrott seiner Eltern in die Welt aufbricht, Abenteuer erlebt, ritterliche Turniere ausficht, aber kein Reich erwirbt, sondern reich und angesehen wird. Nicht ritterliche Tugenden retten ihn, sondern stets Klugheit im Umgang mit Geld und List. Die Verleihung eines Glückssäckels durch die Jungfrau des Glücks ist das zentrale, die Handlung wendende Motiv. Der Geldbeutel besitzt Zauberkraft: Wann immer Fortunatus in den Glückssäckel greift, findet er darin Geld. Er besteht dadurch noch größere Abenteuer, kann die Welt bis in den Orient bereisen und schließlich durch Heirat in den Adel aufsteigen. Das alles ist ganz unheroisch. Weitere phantastische Motive wie das Wunschhütlein, das einen an jeden gewünschten Ort bringt, entgrenzen den Handlungsraum des Romans auf neuartige Weise.

Doppelter Kursus frühneuzeitlich

Als Nachklang des mittelalterlichen Erzählschemas vom doppelten Kursus müssen nun auch seine beiden Söhne in die Welt hinausziehen, doch scheitern diese an Trägheit und Hoffart und kommen schließlich um. Die moralische Absicht ist deutlich exponiert. Schon der Vater Fortunatus wählt aus dem Angebot der Glücksfee statt Weisheit, Stärke, Gesundheit, Schönheit, langes Leben gerade den Reichtum aus, der ihm und seiner Familie letztlich zum Verhängnis wird.

Erfolgsromane

Der *Fortunatus* gilt als der erste deutsche Originalroman. Er erlebte mehr als 40, teilweise illustrierte Nachdrucke bis 1800, wurde in mehr als 13 Sprachen übersetzt und ist einer der Erfolgsromane der frühneuzeitlichen Literatur. In ihnen steht eine Hauptfigur im Mittelpunkt. Die Handlung wird eher episodisch aneinandergereiht berichtet als erzählt. Verschiedene Reiseberichte und gelehrte Literatur hat der unbekannte Autor eingearbeitet.

Dil Ulenspiegel und *Die Schiltbürger*

Ein anderes Erfolgsbuch ist der 1515 erstmals gedruckte *Dil Ulenspiegel*, der in der Verkehrung des Narren und seiner verkehrten Abenteuer der Welt den Sittenspiegel vorhält. Ähnlich angelegt, ist das *Lalebuch*, das 1598 unter dem Titel *Die Schiltbürger* Karriere machen sollte. Das Unterhalten wie das Belehren kommen hier auf eine neue Weise zusammen und haben solche Bücher zu den viel gelesenen gemacht, wie auch hier die zahllosen Nachdrucke und Übersetzungen belegen.

Die Historia von D. Johann Fausten (1587) zählt ebenfalls zu den vielgelesenen Büchern der vorneuzeitlichen Literatur. Auch diese „wahrhafte" Geschichte ist um einen Helden herum gebaut, weitet den Handlungsraum bis an die Grenzen der damals bekannten Welt aus und will nicht zuletzt mit Motiven wie der Höllenfahrt des Doktor Faustus sowohl unterhalten wie auch eine ernste moralische Lehre geben, die von Gott gesetzten Grenzen der Erkenntnis nicht zu überschreiten. Die mittelalterlichen Aventiuren sind hier ganz in neuzeitliche Motive überführt. Auch dieses Buch ist für damalige Leser auffällig kunstlos geschrieben und ordnet sich dem ‚niederen' Segment des entstehenden Marktes für gedruckte Literatur ein.

Historia von D. Johann Fausten

Solche ‚niederen' Romane waren im 15. und 16. Jahrhundert in ganz Europa zu finden. Der spanische *Amadis*-Roman wurde zum Inbegriff dieser Heldenhistorien und wurde mit dem Aufkommen der Belles lettres, der schöngeistigen Literatur, selbst zum Gegenstand der Literatur. CERVANTES' berühmter *Don Quichote*-Roman von 1605 ist dafür das berühmteste Beispiel. Im 16. Jahrhundert kann man auch im deutschen Markt beobachten, dass diese ‚niedere' Erfolgliteratur selbst zum Gegenstand satirischer Überbietungen wird. JOHANN FISCHARTS *Affentheurlich Naupengeheurliche Geschichtsklitterung* von 1575 ist in der Nachfolge des 1532 erschienen Romans *Gargantua et Pantagruel* von FRANÇOIS RABELAIS einer der ersten bewusst künstlerisch angelegten Prosaromane in deutscher Sprache. Nur WICKRAMS *Ritter Galmy* oder sein *Goldtfaden* können genannt werden als Beispiele für bewusst konzipierte literarische Werke. Sie greifen nicht nur die mittelalterlichen Stoffvorlagen auf, sondern setzen sich mehr noch mit den literarischen Mustern, dem gelehrten Humanismus ebenso wie mit den ‚niederen' Romanen auseinander. FISCHARTS Held ist zum ersten Mal eine grotesk gestaltete Figur, die ohne die mittelalterlichen Recken und Riesen kaum denkbar wäre, doch nichts mehr mit ihren Handlungsmotiven gemein hat. Die Figur ist ganz unheroisch und taugt nicht mehr für feudales Standesbewusstsein. Die auf den ersten Blick verworrene Handlung von FISCHARTS Romans zeigt ein so hohes Bewusstsein der Fiktionalität des Erzählten, wie es sonst nur

JOHANN FISCHART

Kapitel 4 — Die Literatur der Frühen Neuzeit

Autoren außerhalb des deutschen Sprachraums wie CERVANTES zeigen. Direkte Nachfolger aber hatten weder WICKRAM noch FISCHART. Einmal mehr ist Literaturgeschichte keine einsinnige Fortschrittsgeschichte. Der Roman bleibt noch lange eine eher ‚niedere' Gattung.

Der frühneuzeitliche Literaturmarkt

Festzuhalten bleibt, dass hier im poetisch nicht regulierten, ‚niederen' Bereich der Literatur die Literaturgeschichte der modernen Leitgattung beginnt, der Roman. Er entsteht aus den spezifischen Voraussetzungen der Frühen Neuzeit, einen ersten unterhaltsamen Literaturmarkt herauszubilden, der in den Städten seine Leser findet. Seine Voraussetzungen sind Buchdruck, Humanismus und Reformation. Dennoch ist er etwas, das nicht mit dem Humanismus und nicht mit der Reformation zusammenfällt, sondern am Rande der geachteten Literatur entsteht und zu einem europäischen Erfolgsmodell der Literatur wird.

4 Die Literatur des Barockzeitalters

Der Begriff ‚Barock'

Der Begriff des Barock für die Zeit des 17. Jahrhunderts hat keinen guten Klang, auch nicht in der Literaturgeschichtsschreibung für diese Teilepoche der frühneuzeitlichen Literatur. Als Bezeichnung ist er lange abwertend gebraucht in Anlehnung an das portugiesische Wort „barroco" für eine schiefrunde Perle. Er zielt als Stilbegriff auf die Vorliebe des 17. Jahrhunderts für manieristische Kunstformen, das, was dann schon dem 18. Jahrhundert als bizarr, phantastisch oder schwülstig galt, wie es DIDEROTS *Encyclopédie* (1751ff.) bezeichnet und noch in GRIMMS *Deutschem Wörterbuch* so aufgenommen wird. Eine Selbstbezeichnung ist dieser Begriff nicht. Vielmehr fasst er rückblickend Teilkonzepte wie Späthumanismus, Konfessionalismus, absolutistische Kultur zusammen. Ihn als Epochenbegriff zu gebrauchen, ist daher vielfacher Kritik ausgesetzt, doch fungiert er in Literaturgeschichten sinnvoll dort, wo ‚Barock' eine Teilepoche der Frühen Neuzeit beschreibt. Gerade diese Teilepoche verfügt über Merkmale, die die Literatur vom späten 16. Jahrhundert bis etwa 1680 deutlich von der Literatur des 15. und 16. Jahrhunderts unterscheidet:

Das Phantasma der Ordnung

1. Das Phantasma der Ordnung: Anders als die Literatur vor ihr sollen Sprachen, Formen und Inhalte der neuen Literatur Prinzipien der Ordnung folgen. Freilich sind diese Prinzipien vielfach

erst zu finden und dann auch geltend zu machen. Die Barockliteratur ist daher dem Programm einer solchen Ordnung der Künste verschrieben.

2. Betont wird die Hochkultur, besonders die Kultur der absolutistischen Höfe. Die barocke Literatur weist das auf, was man auch einen „Oberschichtenbezug" nennen kann. Die höchsten, auch gesellschaftlich am höchsten bewerteten Kunstformen sind der Bezugspunkt auch für die Literatur. An ihnen wird das Gedichte-schreiben wie das Theaterspielen oder die Epik orientiert. *Betonung der Hochkultur*

3. Ganz anders als die beiden Jahrhunderte zuvor verfolgt die Barockliteratur das Programm und die Praxis der Entfaltung einer Kunstdichtung in deutscher Sprache. Das ist für die deutsche Literaturgeschichte neuartig. Die barocken Autoren entwerfen Regelpoetiken und richten Sprachgesellschaften ein. Ihre Literatur versuchen sie auch nach den dort formulierten Regeln auszurichten. Während die Literatur des 15. und 16. Jahrhundert kaum über eine Dichtungstheorie verfügte und wenig auf die volkssprachliche Literatur gab, so wird das hier umgekehrt. Eine Vielzahl von Poetiken entstehen, verschiedenen Dichterschulen kommen auf, die alle dem Programm einer Kunstdichtung in deutscher Sprache verpflichtet sind. Natürlich wird weiterhin, zumal in gelehrten Zusammenhängen, auf Latein geschrieben. Latein ist ganz ungebrochen die Sprache der höheren Schulen und Universitäten. Aber für die Kunstdichtung gilt dies gerade nicht mehr. Literatur kann auch in der Volkssprache geschrieben sein und dennoch hohe Kunst sein. *Programm und Praxis einer Kunstdichtung in deutscher Sprache*

4. Ein literarisches Leben, die Bezugnahme der Autoren, Texte und Leser aufeinander, entsteht, sei es in Sprachgesellschaften, an den Höfen, in gelehrten Journalen oder in Gelegenheitsgedichten. Was in der mittelalterlichen Literatur die Ausnahme war, im Humanismus auf die gelehrte, neulateinische Kultur beschränkt blieb, wird hier programmatisch umgesetzt. Die Vorbilder, vor allem das Vorbild des französischen Hofes in Versailles mit seiner magnetischen Kraft für die europäischen Künstler, werden nachgeahmt. Was entsteht, ist eine bis dahin unbekannte Verdichtung der literarischen Kommunikation, vielfach mehrsprachig und konfessionell aufgeladen. Die Literatur und die Künste erleben einen ungeahnten Aufstieg, der sich nicht zuletzt in den Honoraren für berühmte Künstler niederschlägt. *Ausbau des literarischen Lebens*

Schon diese Merkmale zeigen die Besonderheiten der Literatur des 17. Jahrhunderts an. Wie anders dieser Anspruch ist, das wird viel- *Regelpoetik*

Kapitel 4 Die Literatur der Frühen Neuzeit

leicht nirgends so deutlich wie in den zahlreichen Dichtungslehren des Barock. Davon gab es nicht eine, sondern eine Vielzahl durchaus unterschiedlicher Lehren, die alle den Anspruch erhoben, die Prinzipien gelingender Kunst zu benennen. Viele von ihnen sind abhängig von der Renaissance-Poetik *Poetices libri septem* [*Sieben Bücher über die Dichtkunst*] des italienischen Humanisten JULIUS CAESAR SCALIGER (1484–1558). Wie dieser kombinieren die barocken Regelwerke die antiken Poetiken und die antiken Rhetoriklehren, verweisen auf die lehrbaren Regeln und den Nutzen, den Literatur zu schaffen hat, ebenso wie auf die Notwendigkeit dichterischer Inspiration in der Nachfolge der Philosophie PLATONS.

MARTIN OPITZ

Die einflussreichste dieser Dichtungslehren wurde die MARTIN OPITZ' (1597–1639). OPITZ selbst durchlief eine für die barocken Autorenkarrieren typische Laufbahn. Der Herkunft nach entstammt er einer Handwerkerfamilie im schlesischen Bunzlau, erwarb humanistische Gelehrsamkeit in den Lateinschulen und dann an den Universitäten in Frankfurt/Oder und Heidelberg, um schließlich in den Dienst unterschiedlicher Höfe zu treten. Höfischer und diplomatischer Dienst gingen mit dem Dichten sehr gut zusammen, da niemand von sich beansprucht hätte, nur Dichter sein zu wollen. Die Vorstellung eines freien Schriftstellers war bis ins 18. Jahrhundert hinein völlig fremd und Poesie eine Angelegenheit der Nebenstunden. 1624 erschien in Breslau MARTIN OPITZ' *Buch von der Deutschen Poeterey*. In ihm ordnet er das Feld der Poesie. Dabei ist charakteristisch, dass Literatur in Analogie zum Aufbau der Gesellschaft beschrieben wird:

> Denn wie ein anderer habit einem könige / ein anderer einer priuatperson gebühret / vnd ein Kriegsman so / ein Bawer anders / ein Kauffmann wieder anders hergehen soll:
> so muß auch nicht von allen dingen auff einerley weise reden; sondern zue niedrige sachen schlechte / zue hohen ansehliche, zue mittelmässigen auch mässige vnd weder zue grosse noch zue gemeine worte brauchen.
> (MARTIN OPITZ, Buch von der deutschen Poeterey, 1624)

Regeln der Poesie

OPITZ ist dabei wie andere Dichtungslehren seiner Zeit auch sehr konkret in der Angabe der Regeln, die zu beachten sind. Uns erscheint ein solches Regelwerk geradezu unvereinbar mit der Poesie zu sein. Aber das war in der Frühen Neuzeit anders, zumal es Autoren wie OPITZ darum ging, überhaupt erst einmal die deutsche

Sprache auf das Niveau anderer europäischer Literatursprachen zu heben. Daher solche Regeln wie die folgenden:

1. Die strenge Beachtung des Versmaßes unter zwingender Berücksichtigung des natürlichen qualifizierenden Wortakzents als Versakzent anstelle des quantifizierenden war eine der zentralen Anforderungen an die Poesie. Denn bis dahin ahmte die deutsche Poesie die lateinische nach, die nicht nach betonten und unbetonten Silben unterscheidet, sondern nach langen und kurzen Silben. Die deutsche Sprache kennt aber anders als die romanischen Sprachen diese Unterscheidung in Längen und Kürzungen nicht. Entscheidend ist für sie die Betonung. Da dieses scheinbar so einfache qualifizierende Prinzip der deutschen Sprache nicht beachtet wurde, wirken viele Gedichte vor OPITZ in ihrem Rhythmus ungelenk. Man muss sie eigentlich wie lateinische Verse lesen, damit sie richtig klingen. In Deutsch lassen sie sich nicht fließend lesen, weil sie daneben betonen, eben weil sie gar nicht auf die Betonung der Silben geachtet haben, sondern lateinische Silbenstrukturen einfach auf die deutsche Sprache übertragen haben. *Versmaß*
2. Unreine Reime sollten vermieden werden. Auch hier fehlte bis dahin eine klare Vorstellung davon, wie sich Worte im Deutschen reimen, wie viele der Endsilben sich wie ähneln sollten. Auch hier gibt OPITZ sehr konkrete Beispiele für eine gute Poesie an. *Reine Reime*
3. Um den antiken Versmetren zu entsprechen, wurden Worte in den Gedichten verkürzt oder zusammengezogen. OPITZ und andere Poetiker des Barock lehnen solche unmotivierten Wortverkürzungen und Zusammenziehungen ab, wenn sie nichts mit dem intendierten Ausdruck eines Gedichts zu tun haben. *Vermeidung von Wortentstellungen*
4. Aus ähnlichen Gründen sollten die bis dahin vielfach anzutreffenden Fremdwörter aus dem Lateinischen und Französischen vermieden werden. Auch sie beeinträchtigen nicht zuletzt die Wirkung der Poesie. *Vermeidung von Fremdwörtern*
5. Abgelehnt wird der ‚volkstümliche' Knittelvers, der meist eine freie Silbenzahl zuließ. Empfohlen wurde dagegen der Alexandriner, ein aus dem Französischen übernommener, sehr genau regulierter Vers, bestehend aus sechs Jamben mit einer Zäsur zwischen dem dritten und vierten Jambus. Diese Zäsur war besonders gut für antithetische Verszeilen geeignet, in denen sich die Aussage der ersten Halbzeilen der Aussage der zweiten gegenübersteht. Jeweils 12 oder 13 Silben zählt diese Versform. Sie ist also betont artistisch, weil genau reguliert. Und auf diesen gehobenen Kunstanspruch kam es gerade auch OPITZ an. *Der Alexandriner*

Kapitel 4 — Die Literatur der Frühen Neuzeit

Sprachgesellschaften

Schon diese Liste wichtiger Kunstregeln zeigt den neuen, so im 15. und 16. Jahrhundert noch fehlenden Anspruch an die Literatur. Ihn haben auch andere Poetiken erhoben, etwa die von PHILIPP VON ZESEN, *Hoch-deutscher Helikon*, 1640–56, JUSTUS-GEORG SCHOTTEL, *Teutsche Sprach-Kunst*, 1641, GEORG PHILIPP HARSDÖRFFER, *Poetischer Trichter*, 1647–53, AUGUST BUCHNER, *Anleitung zur Deutschen Poeterey*, 1665 oder SIGMUND VON BIRKEN, *Teutsche Red- Bind- und Dicht-Kunst*, 1679, um nur ein paar in Auswahl zu nennen. Die Kultivierung der deutschen Sprache nannte man im 17. Jahrhundert „Spracharbeit". Ihr widmeten sich die verschiedenen Sprachgesellschaften, die der deutschen Sprache zum Durchbruch als einer Literatursprache verhelfen wollten. Dazu dienten Übersetzungen wichtiger fremdsprachiger Werke ins Deutsche. Fragen des Wortschatzes, der Grammatik oder der Poetik wurden meist im brieflichen Gedankenaustausch diskutiert. Man übte konkrete Kritik an Gedichten oder Formulierungen und verständigte sich etwa auch über Verlags- und Druckkostenfragen. Das Ergebnis solcher Bemühungen liegt in Form von Poetiken, Grammatiken, Übersetzungen sowie dem ersten deutschen Wörterbuch vor. Gegründet wurden diese Gesellschaften von Männern, gelegentlich auch Frauen aus dem Kreise des Adels und der Gelehrten, so etwa die „Fruchtbringende Gesellschaft" (auch: „Palmorden"), die 1617 durch LUDWIG I. VON ANHALT-KÖTHEN gegründet wurde oder der „Pegnesische Blumenorden", gegründet 1644 von GEORG PHILIPP HARSDÖRFFER und JOHANN KLAJ. Worte wie zum Beispiel „Tagebuch" für Diarium, „Nachwort" für Epilog, „Augenblick" für Moment, „Jahrhundert" für Saeculum, „Sprachlehre" für Grammatik, „Schaubühne" für Theater oder „Letzter Wille" für Testament gehören zum Wortschatz des Neuhochdeutschen.

Regeln der Kunst

Gemeinsam ist diesen Anstrengungen um eine deutsche Kunstsprache und Kunstliteratur ein Set von Regeln, die in der scheinbaren Unordnung von Sprache und menschlichen Äußerungen nach Ordnungen sucht, wie sie trotz der Sündigkeit des Menschen überall in der Natur zu finden ist, weiß man sie nur richtig zu lesen. Die Regeln der Kunst sind solche der Ordnung der Welt. Diese Regeln sind:

- ▶ Kunst als Normbestätigung (ordnet die Wirrnisse der Menschen, besonders ihrer Gefühle)
- ▶ Antithetik von Unordnung und Ordnung
- ▶ Unordnung der Gattungen und Künste

- Hyperbel [Übertreibung] der Affekte
- *Amplificatio* [Verstärkung] der Bedeutung
- Primat des *genus grande* [hoher Stil]
- rhetorischer Asianismus
- Affektdramaturgie der *atrocitas* [Grausamkeit]
- Emblematik der Bedeutungsvervielfachung
- Ziel der *constantia* [Beständigkeit] und *consolatio* [Trost]
- Farbigkeit
- Unruhe statt Ruhe (Handlungsfülle und Figurenvielfalt)
▶ Monovalenz/*Amplificatio* der Bedeutung
▶ Variationsästhetik
▶ Kunst als Neuordnung: *imitatio, copia, aemulatio*
▶ Künste im Verbund

Unordnung und Ordnung

Wie alle Kunst war auch die Literatur auf die Bestätigung übergeordneter Normen ausgerichtet. Noch die größten Wirrnisse der Gefühle sollte am Ende doch die rechte Ordnung der Affekte zeigen. Dramatisch werden daher immer wieder Unordnung und Ordnung einander gegenübergestellt und das durch eine Reihe von Techniken der Verstärkung. Barocke Literatur sagt die Dinge gerne mehrfach und gleichgerichtet, will also nicht in der Weise mehrdeutig sein, wie wir das von der modernen Kunst her kennen. Die verschiedenen Künste wirken daher zur Verstärkung der Aussage zusammen und variieren somit bewusst vorhandene Vorlagen. Originalität ist hier keine Forderung an die Literatur und Kunst. Ein Beispiel für diese Kunst der variierenden und bestärkenden Wiederholung ist der folgende Sinnspruch bzw. das Epigramm des Breslauer Dichters CHRISTIAN HOFMANN VON HOFMANNSWALDAU (1616–1679):

auff den mund.

Mund! der die seelen kann durch lust zusammen hetzen/
Mund! der viel süßer ist als starker himmels-wein/
Mund! der du alikant des Lebens schenkest ein/
Mund! den ich vorziehn muß der Inden reichen schätzen/
Mund! dessen balsam uns kann stärken und verletzen/
Mund! der vergnügter blüht als aller rosen schein.
Mund! welchem kein rubin kann gleich und ähnlich sein.
Mund! den die Gratien mit ihren quellen netzen;
Mund! ach, korallenmund, mein einziges ergetzen!
Mund! laß mich einen kuß auf deinen purpur setzen.
(CHRISTIAN HOFMANN VON HOFMANNSWALDAU, Auff den mund)

Kapitel 4 — Die Literatur der Frühen Neuzeit

Topik

Damit eine solche Kunst der variierenden Bestärkung funktioniert, gibt es eine Findelehre, Topik genannt, die die Themen und Motive, aber auch ihre formale Gestaltung in Musterbüchern sammelt, etwa den Florilegien oder in Exzerptbüchern. *Florilegium Politicum: Politischer Blumen Garten/ Darin Auszerlesene Sentenz/ Lehren/ Regulen und Sprüchwörter Ausz Theologis/ Juriconsultis/ Politicis/ Historicis/ Philosophis/ Poeten […] unter 286 Tituln in locus communes zusammen getragen* überschreibt CHRISTOPH LEHMANN 1662 seine Topik. Solche Zusammenstellungen stellten sicher, dass derjenige, der in seinen Nebenstunden sich der Poesie widmete, richtige Verse zu schreiben vermochte und rhetorisch den passenden Ausdruck und Duktus fand. Wer also, sei es nur aus Gelegenheit eines Geburtstages oder Todesfalles, zur Feder griff, konnte sich hier orientieren.

Emblematik

Vorstellungen von der Ordnung der Welt, die es erlauben verschiedene Ordnungen ineinander zu übersetzen, bestimmen dann auch die Zusammenstellungen der Embleme. Embleme setzen sich aus einer Dreigliederigkeit von Bild und Text zusammen:
1. Eine knappe Überschrift (*Inscriptio*), die oft in lateinischer oder auch griechischer Sprache abgefasst ist und in die bildliche Darstellung verwoben sein kann.
2. Darunter steht das Bild (*Pictura*), dessen allegorische Bedeutung sich auf Themen des christlichen Glaubens oder auch der antiken Mythologie oder auch der Natur bezieht
3. Eine Unterschrift (*Subscriptio*), die häufig in Form eines verdichteten Epigramms den symbolischen oder allegorischen Sinn des Bildes erläutert.

Die Erfindung und Sammlung solcher Embleme, die Variation desselben Sinnspruchs durch andere Bildfindungen und die Herstellung überraschender Bezüge waren eine besonders populäre Kunstform im Barockzeitalter und belegen einmal mehr die Besonderheit dieser Teilepoche der Literatur. Erneut geht es um Variation, nicht um Originalität wie dann in der neuzeitlichen Kunst.

Die Erfindung des Theaters

An der Spitze der literarischen Gattungen stand freilich das Drama, genauer das Theater, denn hier kamen alle Künste zusammen, um bekannte Stoffe zur Darstellung zu bringen. Dieses Theater löste die ritterlich-feudale Repräsentationskultur durch eine absolutistisch-zeremonielle ab. Fürstliche Familien wirkten als Theaterinventoren, gründeten Hofopern und -ballette und ermöglichten neue Theaterformen wie auch das Parktheater. An die Stelle des Turniers traten

Feuerwerk und Illuminationsspektakel. Professionelle Schauspieler, Tänzer und Sänger kamen auf. Man ließ eigene Gebäude für das Theater errichten, verbesserte die Bühnentechnik, so dass in ganz Europa ein professionalisiertes Theaterwesen entstand, das keine Vorgänger hatte.

Neue Gattungen wurden entfaltet: Ballett, Oper, Tragödie, Komödie, – Untergattungen wie Mantel- und Degenstücke, Märtyrertragödien, Ordensdrama, protestantisches Schuldrama, höfisches Festspiel oder das Schäferspiel. Nie zuvor gab es ein vergleichbares Spektrum theatraler Formen. Da viele Aufführungen anlassgebunden waren, beispielsweise nur für diese eine fürstliche Hochzeit gegeben wurden, entsprachen sich das Drama, wie es in den Poetiken beschrieben und gefordert wurde, und das tatsächliche Theater vielfach gar nicht. Eine Abfolge „Aufzüge/ Ritterliche Exercitien, Schauspielen/ Schiessen/ Jagten/ Operen, Comoedien, Balleten, Masqueraden, Köngreiche/ Feuerwercke/ und andern", wie sie GABRIEL TSCHIMMER (1629–1694) über ein einmonatiges Familientreffen der sächsisch-kurfürstlichen Familie 1678 in Dresden berichtet, hat viel mit der Repräsentationskultur der Zeit zu tun, wenig mit den poetischen Forderungen.

Neue Gattungen für das Theater

Das wird besonders an der Oper deutlich. Erfunden im Florenz Ende des 16. Jahrhunderts, im Glauben, die antiken Tragödien seien gesungen worden, wurde die Oper bald zu dem erfolgreichsten Theatermodell des 17. Jahrhunderts. Sie war Ausdruck fürstlicher Repräsentation, aber auch als Unternehmeroper wie in Venedig, Hamburg oder London als unterhaltsames Spektakel mit schwankendem Kunstanspruch enorm erfolgreich. Komponisten und mehr noch Sänger, dann nach dem französischen Vorbild auch Tänzer, wurden als Stars in ganz Europa zu enormen Summen gehandelt. In deutschen Städten wie Nürnberg oder Hamburg und an den deutschen Fürstenhöfen wurden diese Opern in italienischer Sprache zu einer dominanten Theaterform. Mit ihr konnte man Geld verdienen und oft genug auch verlieren oder glänzen als Fürst.

Die Oper

Eng mit der Oper verwandt war die Pastorale, eine theatrale Darstellung des idyllischen Schäferlebens nach VERGILS *Eclogae*, das zugleich ein idealisiertes Selbstbild der befriedenden Macht des Fürsten abgeben sollte. Sein Handlungsort ist das mythische Arkadien, dessen Ordnung durch die Verwirrung der Affekte wiedergewonnen werden muss. Eine Schäferin verachtet das Gebot des

Die Pastorale

Kapitel 4 Die Literatur der Frühen Neuzeit

Liebesgottes Amor und stößt den sie liebenden Schäfer zurück. Auf die Bühne kommen durch dieses Handlungsschema vor allem die affektiven Extremzustände und die Umstimmung der stolzen Schäferin. MARTIN OPITZ und der Komponist HEINRICH SCHÜTZ (1585–1672) haben mit ihrer *Daphne* ein Muster dieser gesungenen Pastorale geschaffen. GEORG PHILIPP HARSDÖRFFER (1607–1658) hat dieses Muster in seiner Pastorale *Seelewig* von 1644 auf die Liebe zwischen Christus und der zu stolzen menschlichen Seele übertragen. Dass in diesem hohen Theater durchaus in Nebenhandlungen und Zwischenspielen auch komische Figuren auftreten konnten, etwa Dialekt sprechende Bauern, gehört zur Welt des 17. Jahrhunderts und ihrem manierierten Stilideal dazu. Es sicherte den Erfolg, wo es auf ihn jenseits fürstlicher Repräsentation ankam.

Das schlesische Schultheater

Literaturgeschichten betonen meist nicht diese Welt des tatsächlichen Theaters, sondern heben auf die Dramentexte und damit auf das kulturgeschichtlich weit unbedeutendere Schultheater ab. Dichter wie ANDREAS GRYPHIUS (1616–1664) oder DANIEL CASPAR VON LOHENSTEIN (1635–1683), beides juristisch gelehrte Diplomaten aus Schlesien, gelten mit ihren Texten für die Bühnen der Gymnasien als die Protopyen des Barocktheaters. Das aber sind sie nicht. Vielmehr folgt ihr Schultheater den poetischen Vorgaben, ohne theatergeschichtlich deshalb schon bedeutsam zu sein. Die Aufführungen waren ein Exemplum für die gelernten rhetorischen Techniken und Verhaltensweisen, zugleich ein Dank an die Gönner, Werbung für neue Schüler. Aufgeführt wurden sie in der Aula oder dem Hof einer Schule. Betont wurde die Deklamation, damit die rhetorische Übung für die Schüler. Hier fehlen die sonst im 17. Jahrhundert so beliebten Theatermittel wie Maschinen, Donner, Geistererscheinungen. Das Theater hat selbst eine emblematische Struktur. Die im Titel angegebene Thematik wird wie in einer rhetorischen Abhandlung durch die Handlung versinnbildlicht und durch den Chor, dem Reyen, werden die Lehren aus der gesehenen Handlung gezogen.

Catharina von Georgien

Ein typisches Beispiel dafür ist das Drama *Catharina von Georgien* (1657) von ANDREAS GRYPHIUS. Der Stoff soll die wunderbare, hier einer Heiligenlegende angelehnte Beständigkeit der gläubigen Seele veranschaulichen. Das war 1657 eine deutliche Stellungnahme zu den konfessionellen Auseinandersetzungen im Zuge der Rekatholisierung Schlesiens. Die Königin Catharina wird durch den persischen Schah Abas bedrängt, seine Gemahlin zu werden und damit ihrem Glauben abzusagen. Sie verweigert sich ihm, wird gefoltert und schließlich im Affekt getötet. Schon gleich die Vorrede macht deutlich, worauf das Stück hinaus will, wenn es da heißt: „Die von mir begehrete Catharine trit nunmehr auff den Schauplatz vnsers Vaterlandes / vnd stellet dir dar in jhrem Leib vnd Leiden ein vor dieser Zeit kaum erhöretes Beyspiel vnaußsprechlicher Beständigkeit / die Crone Persens / die Ehr deß Siegreichesten vnd Berühmtesten Königes / die Blüthe der Jugend / die vnaußsprechlichen Wollüste / die Freyheit so höher zu schätzen als das Leben / die schreckliche Marter / die Gewalt der Parthen / die Art deß Todes / so grauser als der Tod selbst / die Thränen deß Mitgefangenen Frauenzimmers / das Verlangen nach jhrem Thron / Kind / vnd Königreich bekriegen eine zarte Fraw / vnd müssen überwunden vnter jhren Füssen ligen."

Alles Folgende veranschaulicht nun diese Beständigkeit, selbst in der Benennung der Gewalt. Dabei ist für die barocke Dramenauffassung wiederum typisch, dass mit der Handlung gleich auch die verstärkende und ordnende Deutung mitgegeben wird; hier durch die Jungfrauen, denen die Kammerfrau Serena von der Folterung ihrer Herrin berichtet. Die Gewalt wird also nicht direkt gezeigt. Sie wird vielmehr durch die Rede der Dienerin geordnet und durch die Jungfrauen der Konigin gedeutet:

Gewalt-Darstellung

> **Seren.** Vnd griff die Schultern an / der Dampff stig in die Höh
> Der Stahl zischt in dem Blut / das Fleisch verschwand als Schnee
> In den die Flamme felt. Doch sie / in dem man zwickte
> Vnd von der Armen Röhr die flachen Mausen rückte
> Rief;
> **Die Jungf.**   Himmel steh vns bey!
> **Seren.**   Erlöser gib Geduld!
> Ich nehme dises Pfand der ewig-treuen Huld
> In tif'ster Demut an / Ich / die mit offnen Sünden
> Die Flammen / die dein Zorn vnendlich heist entzünden /
> Durch meine Schuld erwarb / bin nicht der Gnade werdt
> Zu leiden für dein' Ehr: Es ist ein schärffer Schwerdt
> Mit dem dein ernster Grimm pflegt Laster abzustraffen.
> Was fühl'te nicht dein Geist als du vor mich entschlaffen/
> Als deine Seel in Fluch vnd Todes Angst verfil
> Vnd sich verlassen fand? mein Schmertz ist Kinderspil!

Kapitel 4   Die Literatur der Frühen Neuzeit

> Die Jungf. So läst sich Gottes Krafft in Gottes Kindern mercken.
> So pflegt der starcke Geist das schwache Fleisch zu stärcken. [...]
> (ANDREAS GRYPHIUS, Catharina von Georgien, 1657)

Jesuitentheater

Drastische Mittel unterstreichen hier – und noch mehr in den Stücken LOHENSTEINS – die Aussage des Dramas. Sie vertrauen dem Wort an, was ihnen an theatralen Mitteln oft fehlt. Das verleitet freilich die Literaturgeschichtsschreibung dazu, anzunehmen, dass diese Dramen für das 17. Jahrhundert exemplarisch sind. Schaut man auf die tatsächlich in den deutschen Territorien aufgeführten Theaterstücke, so ist dies nur ein Randphänomen. Das Jesuitentheater verbindet dagegen die Formen des Schultheaters mit den Darstellungsmitteln des Theaters. So wird in JACOB BIDERMANNS (1578–1639) *Cenodoxus* von 1602 die Entscheidung, ob die Seele des maßlos wissbegierigen Cenodoxus in den Himmel kommt, theatral so wirkungsvoll in Szene gesetzt, erst recht die abschließende Höllenfahrt, dass Zeitgenossen unter diesem Eindruck zum Katholizismus konvertiert sein sollen.

Lyrik

Anders war die Entwicklung der Lyrik, die durch die Normpoetiken an Eigenständigkeit gewann und formal anspruchsvoll selbst dort wurde, wo sie nur aus Gründen der Gelegenheit, wie einer Hochzeit oder einem Todesfall, geschrieben wurde. Lyrik ist im 17. Jahrhundert weder eine Gattungsklassifikation, noch subjektive Selbstaussage, sondern umfasst vom Epos bis zum Epigramm jedes in Versen abgefasste Werk. Daher gibt es eine Fülle unterschiedlicher Gattungen, die man nicht als eine Einheit betrachtet hat. GEORG RUDOLF WECKHERLIN (1584–1653) führte die Ode nach den französischen Vorbildern ein, PAUL GERHARDT (1607–1676) schrieb besonders für das protestantische Kirchenlied, FRIEDRICH SPEE (1591–1635) nutzte die Ausdrucksformen der Mystik und wirkte auf das katholische Kirchenlied, FRIEDRICH VON LOGAU (1604–1655) pflegte das Sinngedicht, GRYPHIUS das Sonett und HOFFMANNSWALDAU (1616–1679), sowie LOHENSTEIN die galante Lyrik. Schon diese Auswahl zeigt den Formenreichtum an, den die deutsche Literatur des 15. und 16. Jahrhunderts nicht gekannt hat. Man kann sie durch andere wie etwa das Figurengedicht erweitern, bei dem die grafische Anordnung die Aussage verdoppelt, etwa wenn die Kreuzform das Leiden Christi versinnbildlicht.

Wie rhetorisch durchgestaltet diese Poesie war, zeigt ein in der Literaturgeschichtsschreibung zum Inbegriff der Barocklyrik hochgerechnetes Gedicht des schlesischen Dichters ANDREAS GRYPHIUS. Tatsächlich ist auch dieses Sonett in der Wahrnehmung der Zeitgenossen nur eine Variante möglicher poetischer Formen, die durch die besonders strenge Form des Sonetts herausgehoben ist:

ANDREAS GRYPHIUS

> **Abend**
>
> Der schnelle Tag ist hin / die Nacht schwingt ihre Fahn /
> Und führt die Sternen auff. Der Menschen müde Scharen
> Verlassen feld und werck / Wo Thier und Vögel waren
> Trawert itzt die Einsamkeit. Wie ist die zeit verthan!
> Der port naht mehr und mehr sich / zu der glieder Kahn.
> Gleich wie diß licht verfiel / so wird in wenig Jahren
> Ich / du / und was man hat / und was man siht / hinfahren.
> Diß Leben kömmt mir vor alß eine renne bahn.
> Laß höchster Gott mich doch nicht auff dem Lauffplatz gleiten
> Laß mich nicht ach / nicht pracht / nicht lust / nicht angst
>   verleiten.
> Dein ewig heller glantz sei vor und neben mir /
> Laß / wenn der müde Leib entschläfft / die Seele wachen /
> Und wenn der letzte Tag wird mit mir abend machen /
> So reiß mich auß dem thal der Finsterniß zu dir.
>
> (ANDREAS GRYPHIUS, 1650)

Hier ist jede Zeile gleich von mehreren rhetorischen Figuren bestimmt. Die Teilung zwischen den Quartetten und Terzetten entspricht der zwischen der Argumentation und der moralischen Schlussfolgerung, die den Blick vom Himmel auf die Menschen und von den Menschen wieder zurück auf den Himmel lenkt, vom Konkreten zur religiösen Wahrheit aufsteigt. Auch wiederholt jede Verszeile nur variierend die eine Grundaussage von der Ermahnung, der eigenen Sterblichkeit einzugedenken. Die Ordnung des Tagesablaufs kann direkt auf die Ordnung des Lebenslaufs übersetzt werden und ist selbst eine Ermahnung, den eigenen Tod vor Augen zu haben. So ist die Ordnung des Gedichts nur ein schwaches Abbild der göttlichen Ordnung.

Zuletzt verändert sich auch die Prosa im 17. Jahrhundert. Was im 15. und 16. Jahrhundert eher Randphänomen war, das zwar viele

Prosa

Leser, aber kaum selbstbewusste Autoren und komplexere Textformen fand, das wurde im Barock in die Dichtungssystematik aufgenommen.

Dreistilelehre

Entsprechend der rhetorischen Dreistilelehre, der Unterscheidung in einen hohen, mittleren und niederen Stil, wird auch die Prosa eingeteilt.
1. Oben kommt der höfisch-historische Roman (hoher Roman) zur Aufstellung. Die Höhe des Romans richtet sich dabei wesentlich nach der Standeshöhe seiner Hauptfiguren.
2. Ihm folgt der mittlere Roman, das sind vor allem Schäferromane, die in der arkadischen Schäferwelt spielen.
3. Unten in der Rangfolge steht der niedere Roman, der meist in satyrischer Absicht von fahrenden Helden erzählt, also nicht Standespersonen zur Vorlage nimmt.

Anton Ulrich

Vorbilder für den Roman waren die spätantiken Romane des Heliodor und Lukian, aber auch die europäische Romane des 15. und 16. Jahrhunderts. Martin Opitz hatte Barclays *Argenis* von 1626 und Sidneys *Arcadia* von 1638 übersetzt, lobte auch die deutschen Übersetzung des populären Ritterromans *Amadis von Gallien* als Vorlagen für den Roman. Entsprechend verknüpfen die hohen Romane die Themen Liebe und Politik, entfalten eine Vielzahl kaum zu überschauender Nebenhandlungen in teilweise weit entlegenen Handlungsräumen, um doch am Ende die Schönste mit dem Besten zu vereinen und zu zeigen, wie die Beständigkeit über die Wirren der Affekte siegt. Da die hohen Romane umfangreich wurden, konnten sich nur wenige Autoren erlauben, solche Romane in den Druck zu bringen. Sie zu kaufen, war außerhalb des Hofadels kaum jemandem möglich. Ein mitregierender Fürst wie der Braunschweiger Anton Ulrich (1633–1714) konnte sich dagegen die Drucklegung seiner mehrere tausend Seiten umfassenden Romane wie die *Römische Octavia* (1677–1707) leisten. Ob er Leser fand, spielte hier keine Rolle. Trotz des Umfangs ist auch hier die Absicht deutlich exponiert, wie der Philosoph Leibniz am 26. April 1713 an Anton Ulrich schreibt: „Es ist ohne dem eine von der Roman-Macher besten künsten, alles in verwirrung fallen zu laßen, und dann unverhofft herauß zu wickeln. Und niemand ahmet unsern herrn beßer nach als der Erfinder von einem schönen Roman". Das ist eine ziemlich perfekte wie knappe Zusammenfassung dieser wirkungsgeschichtlich letztlich unbedeutenden Romane.

4 Die Literatur des Barockzeitalters

Die mittleren Romane wie etwa PHILIPP VON ZESENS *Adriatische Rosemund* von 1645 oder die von HEINRICH ARNOLD und MARIA KATHARINA STOCKFLETH herausgebrachten Bücher *Die Kunst = und Tugend = gezierte Macarie* (1669–1673) nutzen vielfach ebenfalls europäische Romanvorlagen, die sie variierend fortschreiben, oft auch in Gemeinschaftsarbeit. Sie erzählen vom goldenen Zeitalter, das durch Liebeshändel und -intrigen gestört wird. Auch hier stellt sich am Ende wieder die Ordnung ein. Die Wirren sind aber solche vor allem der Liebe. Die Politik tritt demgegenüber zurück. Auch sie hatten ihre Leser im Adel, kaum darüber hinaus und standen in Konkurrenz zu den Prosaromanen der Frühen Neuzeit.

Mittlere Romane

Während diese Romanformen so eng mit der barocken Adelskultur verbunden waren, dass sie mit deren Auflösung mit ins Vergessen gerieten, ist in der Literaturgeschichtsschreibung gerade der niedere Roman – und hier besonders die simplicianischen Romane des HANS JACOB CHRISTOFFEL VON GRIMMELSHAUSEN (1622–1676) – zum Inbegriff des barocken Romans geworden. Das aber ist eine Verzerrung der historischen Zusammenhänge, denn der niedere Romane war gering angesehen, auch wenn er viele Leser gefunden hatte. Entsprechend ist GRIMMELSHAUSEN mit dem wachsenden Erfolg seiner Romane um den einfältigen Helden Simplicius Simplicissimus bemüht, nicht nur unterhalten zu wollen, sondern den Unterhaltungswert für die Vermittlung religiös-moralischer Lehren zu nutzen. Bewusst setzt er sich von den nur auf Unterhaltung abgestellten Romanen seiner Zeit ab. Die Geschichte des Simplicissmus hat wiederholt auch autobiographische Züge, erzählt von den Schrecken des Dreißigjährigen Krieges, entfaltet mehrere Nebenhandlungen und Nebenfiguren, nutzt auch phantastische Motive wie das unsichtbar machende Vogelnest, das alles aber immer in der Absicht, „süsse Pillulen" zu verabreichen.

GRIMMELSHAUSEN

Ein Titelkupfer illustriert die Aussageabsicht der Bücher, die dann im Roman selbst wie in einem Kommentar erläutert werden. So zeigt das Buch *Courage* aus diesem Romanzyklus die Titelheldin, wie sie auf einem Esel sitzt, dem aus seinem Reisesack lauter Dinge der Eitelkeit, wie Kamm und Salben entfallen. Emblematische Bilder wie das Geweih und der Hirschkäfer verweisen auf Geilheit, die Heuschrecke auf die Strafe Gottes. Und der Distel fressende Esel, auf dem die Courage reitet, ist ein Bild für den Geiz, – Untugenden der Courage wie des Simplicissimus'. Verblüffend ist dabei, dass GRIMMELSHAUSEN eine erzählerische Virtuosität an den Tag legt, die

Courage

83

Kapitel 4   Die Literatur der Frühen Neuzeit

ohne Beispiel in seinem Jahrhundert ist. Denn er erzählt nicht nur von der Sünde der Menschen, sondern das Erzählen selbst wird bei ihm problematisiert. Es ist selbst Sünde, wenn Courage ihre Lebensgeschichte aus keinem anderen Grund erzählt als aus Hass und Neid auf ihren einstigen Geliebten Simplicissimus, – Todsünden auch diese. GRIMMELSHAUSEN erschafft aus dieser Selbstproblematisierung des Erzählens eine Kunstfertigkeit des Romans, die ohne Parallele im 17. Jahrhundert bleibt und dann selbst ins Vergessen gerät. Die Zeitgenossen dagegen haben wohl seine Romane geschätzt. Gefälschte Nachahmungen und Fortsetzungen erschienen wie bei CERVANTES auch zu Lebzeiten des GRIMMELSHAUSEN.

TIPP

In Opernaufführungen, etwa denen der Opern Georg Friedrich Händels, oder in den Schlossbauten wie denen von Versailles ist bis heute die frühneuzeitliche Ästhetik gegenwärtig, manchmal auch als Zitate in Mantel-und-Degen- oder Piraten-Filmen. Versuchen Sie mit ihrem Wissen über die Frühe Neuzeit solche Versatzstücke aus der vorneuzeitlichen Welt zu finden. Fragen Sie sich dabei, was einmal ihre Bedeutung war.

5 Zusammenfassung

Die literarische Kommunikation in der Frühen Neuzeit

In der Zusammenschau sind die Epochenmerkmale der frühneuzeitlichen Literatur gut auszumachen. Zunächst verliert sich der Zusammenhang mit der mittelalterlichen höfischen Literaturtradition. Neue Leser und Autoren besonders in den Städten kommen dazu. Neben die Gelehrtensprache tritt die Volkssprache. Das Buch verliert seinen Status des Außergewöhnlichen. Die Texte nehmen immer mehr Bezug aufeinander. Kürzere Formen, neue, städtische Themen kommen hinzu. Überhaupt weitet sich das Spektrum der Literatur immer weiter aus.

Damit wird auch die literarische Kommunikation eine andere.

Neue Autorengruppen

1. Die Autoren sind nun auch Kanzlisten und Gelehrte, Handwerker und Patrizier. Sie schreiben im Auftrag und aus Anlass, aber auch aus eigenen Motiven. Wir können die Biographien der Autoren greifen. Insgesamt steigt der Status des Autors an.

Veralltäglichung der Literatur

2. Die Texte ändern sich, weil Schreiben nicht mehr den Ausnahmecharakter hat wie noch im Mittelalter. Das Buch, ob handschriftlich oder gedruckt, wird normaler. Es kann im gelehrten Neulatein wie in der Volkssprache abgefasst sein. Kürzere, leichter

5 Zusammenfassung

handhabbare Formen kommen neben den hohen Gattungen auf. Im 17. Jahrhundert gewinnen vor allem die hohen Formen eine Ausweitung. Literatur auch in deutscher Sprache kann einen Kunstanspruch stellen.

3. Schließlich sind auch die Leser andere, weil neben Kloster und Hof auch die Städte, aber auch das Lesen etwa in den Spinnstuben auf dem Land hinzu kommt und Aufführungen in Wirtshäusern oder Privathäusern stattfinden können. Mehr Menschen als im Mittelalter konnten lesen und manchmal auch schreiben, gelegentlich sogar auch leise selbständig lesen. Die Regel aber war und blieb bis ins 18. Jahrhundert das Vorlesen in Gruppen.

Neue Leser

Damit verändert sich auch die Funktion von Literatur. Sie verhandelt die gesamtgesellschaftliche Moral im Sinne einer Sozialdisziplinierung und Konfessionalisierung, konnte so unterschiedlichen Aufgaben wie den humanistischen Studien dienen, wie der höfischen Repräsentation oder dem städtischen Selbstbewusstsein. Literatur hatte zu unterhalten wie zu belehren. Im 17. Jahrhundert wurde Literatur als Kunst programmatisch aufgewertet. Literatur ahmte Muster nach, konnte aber selbst auch zum literarischen Muster werden. Alle diese Merkmale unterscheiden die Literatur der Frühen Neuzeit von der des Mittelalters und der der Neuzeit.

Funktionswandel der Literatur

Begriffe und Bezeichnungen	ungefähre Daten
Frühneuhochdeutsche Literatur	1350–1500
Humanismus	1450–1650
Reformation	1520–1620
Barock	1620–1720

In der Übersicht zeigt sich eine Überlappung der gängigen Epochenbegriffe. Humanismus und Reformation überschneiden sich vielfach. Der Literatur des 17. Jahrhunderts wird eine gewisse stilistische Eigenständigkeit zugeschrieben, die gerade an dem gewandelten Verständnis von dem, was Literatur sein kann und sein soll, hängt – eben eine Kunst.

FRAGEN

1. Durch welche Funktionen ist die frühneuzeitliche Literatur von der des Mittelalters unterschieden?
2. Wie verändern sich die Positionen von Autor, Text und Leser in der Frühen Neuzeit?
3. Welcher Begriff von Literatur ist für die Literatur der Frühen Neuzeit typisch?
4. Nennen Sie die wichtigsten Merkmale der Barockliteratur.

5 Die Literatur der Neuzeit

1 Die Literatur des 18. Jahrhunderts

Literaturgeschichte als Kanon

Wer heute über Literatur spricht, meint zumeist einen Begriff von Literatur, wie er erst in der Neuzeit entstanden ist. Entsprechend diffus und kenntnisarm sind Vorstellungen davon, dass es auch eine andere Literatur gegeben hat. Bezieht man dann noch die Literaturen anderer Kulturkreise mit ein, wird schnell deutlich, wie eng umgrenzt unsere alltagsweltliche Vorstellung von Literatur ist. Dass der Mensch Literatur hervorbringt, hat zu weit mehr Literaturen geführt, als uns dies zumeist bewusst ist. Daher ist umgekehrt jede Literaturgeschichte, die ihrerseits den Schwerpunkt auf die Neuere deutsche Literatur legt, in der Gefahr, jene Einengung zu reproduzieren, die einem intelligenten Umgang mit der Literatur eher im Wege steht. Literaturgeschichten sind eben auch Kanonisierungsprozesse und wiederholen dann nur zu leicht, was an Gemeinplätzen den Umgang mit der Literatur sowieso schon reguliert.

Epochenspezifik

Ein Gesamtbild der deutschen Literaturgeschichte zu schreiben, kann daher den Erwartungen an die vorrangige Gewichtung der neuzeitlichen Literatur und ihrer Geschichte kaum entgehen. Um die Einseitigkeiten, die damit einher gehen, wenigstens etwas auszugleichen, wird es im Folgenden daher auch bei der uns so vertrauten Literatur seit dem 18. Jahrhundert nicht darum gehen, die fast explosionsartig anwachsende Zahl der Bücher und Autoren aufzulisten und mit Kleinstinterpretationen zu versehen. Das ist oft gemacht worden, aber für unsere Zwecke hier wenig hilfreich. Vielmehr lohnt der vergleichende Blick auf die Epochenspezifik der neuzeitlichen Literatur. Diese Spezifik bewusst zu machen, die wir fast für so etwas wie die Natur der Literatur halten, erlaubt auch die uns vertraute Literatur wieder neu lesen zu lernen. Daher stehen auch in diesem letzten Kapitel die epochentypischen Merkmale und langen Linien der Entwicklung im Mittelpunkt der Darstellung.

Die Zäsur der Neuzeit

Wie in den Großepochen der mittelalterlichen und frühneuzeitlichen Literatur ist ein klarer Beginn für die neuzeitliche Literaturgeschichte nicht auszumachen. Dennoch unterscheidet sich der Übersteig von der Frühen Neuzeit zur Neuzeit auf eine besondere Weise. Am Ende des 18. Jahrhunderts, genauer im Jahr 1789, steht zum ersten Mal in der menschlichen Geschichte eine Zäsur – die Französische Revolution –, die als epochaler Neuanfang verstanden wurde und verstanden werden wollte. Das gibt auch der neuzeitlichen Literaturgeschichte eine andere Kontur. Hier kommt es zu emphatischen Setzungen von Neuanfängen. Originalität von Literatur und Kunst und damit die Behauptung, anders als bisher zu schreiben, ja zu fordern, das Schreiben von Literatur sei nur dann von künstlerischem Rang, wenn es anders als die bisherige Literatur sei, wird zu einer ästhetischen Grundforderung der Neuzeit. Originalität, Interessantheit und Innovation kennen die Epochen der Literatur vorher nicht als Kategorien für die Bewertung von Literatur. Eben das wird im 18. Jahrhundert anders und verändert grundlegend die Vorstellung von Literatur, die der Autoren, der Texte wie der Leser.

Literaturgeschichtsschreibung tut sich schwer damit, den Eintritt des epochal Neuen zu erklären, erst recht, wenn es um den Anfang der Neuzeit geht. Man verweist dann auf Krisenerfahrungen, ohne zu sehen, dass krisenhafte Zuspitzungen in Mittelalter und Früher Neuzeit nicht weniger häufig zu finden sind. Ein anderes Erklärungsmodell argumentiert über den Aufstieg des Bürgertums. Aber die Geschichtswissenschaft hat gezeigt, dass von einem solchen Aufstieg des Bürgertums im Deutschland des 18. Jahrhunderts keine Rede sein kann und es ein solches Bürgertum als neue soziale Gruppe nicht gegeben hat. Selbst die Literaturgeschichte kann leicht zeigen, dass literarische Ausdrucksformen der Frühen Neuzeit vielfach noch fortdauern und etwa das Latein für die höheren Bildungsinstanzen immer noch eine Voraussetzung bleibt. Von einem Bürgertum als soziale Gruppe kann eigentlich erst im 19. Jahrhundert gesprochen werden.

Die Problematik des Epochenbeginns

Tatsächlich ist das Aufkommen der Aufklärung ein gesamteuropäisches Phänomen mit verschiedenen Ausprägungen und mehr noch mit unterschiedlichen, keineswegs einsinnigen Voraussetzungen und Ursachen. Erst allmählich haben unter den schreibenden Köpfen des 18. Jahrhunderts Vorstellungen von einer positiven Lehre vom Menschen, einer Anthropologie an Plausibilität gewonnen, so dass dem Menschen und seiner Vernunft überhaupt zugetraut werden konnte, über die Welt und sich selbst richtig urteilen zu können. Das schloss gerade auch Kritik an der Vernunft ein wie auch das Gewahrwerden der sinnlichen Seite des Menschen. Die ‚niederen' Vermögen menschlicher Triebe und Erkenntnisse wurden aufgewertet. Aufklärung war auf den ganzen Menschen gerichtet und konnte das sein, weil diese neue Wissenschaft vom Menschen nur wenige gemeinsame Hypothesen, Vorstellungen und

Die Wissenschaft vom Menschen

Kapitel 5   Die Literatur der Neuzeit

Erwartungen teilte. Daher war die Aufklärung zwar ein Bruch mit der negativen Anthropologie der Frühen Neuzeit, aber die eine Aufklärung hat es nicht gegeben. Daher gibt es nicht den einen Moment, an dem ein neues Denken und eine neue Literatur Geltung gewann. Erst mit 1789 war unübersehbar deutlich geworden, wie sehr sich alles geändert hat, auch die Literatur.

> **DEFINITION**
>
> ‚Aufklärung' bezeichnet eine Teilepoche der Neuzeit, eine in sich durchaus auch widersprüchliche Bewegung und eine Auffassung, dass die Vernunft den Menschen in die Lage versetzt, selbstbestimmt zu handeln. Im Zentrum der Aufklärung steht die Suche nach der Wissenschaft vom Menschen. Die Aufklärung betont das Selbstdenken und versucht gerade auch durch Literatur eine Öffentlichkeit herzustellen, die es jedem Menschen erlauben soll, selbstbestimmt zu leben.

Die deutsche Aufklärung

In der deutschen Literaturgeschichte hatte diese Suche der Aufklärung nach der wahren Wissenschaft vom Menschen nicht dieselbe Spannbreite und Widersprüchlichkeiten wie in anderen europäischen Ländern. Sie war vielfach beschränkt eher auf die protestantischen Territorien und auf gelehrte Köpfe der Verwaltungseliten, auf Pastorensöhne in den kleineren Städten und an den Universitäten. Ein intellektuelles Zentrum wie in Frankreich oder England fehlte hier, so dass Literatur auch nur über vergleichsweise geringe Multiplikationsmöglichkeiten verfügte.

CHRISTIAN THOMASIUS

Die Vertreter der Aufklärung im Alten Reich waren die Autoren einer neuen Literatur, die dieser Wissenschaft vom Menschen zum Durchbruch verhelfen wollte. Als am Ende des 17. Jahrhunderts in Halle an der dort neugegründeten Universität der Jurist CHRISTIAN THOMASIUS (1655–1728) zum ersten Mal seine Vorlesung in deutscher Sprache abhielt und statt im gelehrten Professorengewand als eleganter „homme de lettre" mit Degen auftrat, war provokativ das neue aufklärerische Denken sichtbar gemacht worden. THOMASIUS folgte bei seiner Suche nach der wahren Wissenschaft vom Menschen naturrechtlichen Ideen, also Vorstellungen, dass es allen Menschen gemeinsame, allen Staaten damit vorausliegende Rechte des Menschen gebe, die aus seiner Natur abzuleiten sei. Folge war dann auch, dass THOMASIUS die frühneuzeitliche Vorstellung von der Hexerei als unnatürlich und unsinnig verwarf, während gleichzeitig an seiner Universität andere Gelehrte diese Vorstellungen in akademischen Systemen weiterverfolgten.

Um diesem an der Natur des Menschen ausgerichteten Denken Raum zu geben, gab THOMASIUS zwischen 1688 und 1690 *Freymüthige Lustige und Ernsthaffte Gedancken oder Monats-Gespräche* heraus. Hier besprach Thomasius kritisch literarische Neuerscheinungen im weitesten Sinne und das in einem Duktus, der nicht nur Gelehrte, sondern die lesende Öffentlichkeit ansprechen sollte. Ziel war das, was THOMASIUS selbst erstmals in der deutschen Sprache als „öffentliche Meinung" bezeichnet hat. Gemeint ist die Fähigkeit jedes Menschen, sich ein Urteil zu bilden. Vernünftige Kritik und öffentliche Zeitschriften waren ein Weg zu dieser neuen Öffentlichkeit der Aufklärung. Genau hier nimmt die neue Literatur noch in einem sehr weiten Sinn ihren Anfang. Wenn zwischen 1775 und 1804 der Aufklärer und Pädagoge CHRISTIAN FELIX WEISSE (1726–1804) ein Wochenblatt *Der Kinderfreund* herausgab, dann war das eine Ausweitung der Öffentlichkeit selbst auf Kinder. Es sind solche Entwicklungen, die das Epochenspezifische der Neuzeit ausmachen.

Die öffentliche Meinung

Für die deutsche Literatur des 18. Jahrhunderts typisch ist wiederum, dass diese Wissenschaft vom Menschen dicht an den protestantischen Traditionen entlang lief. So war Halle eine Reformgründung, die nachhaltig durch den Pietismus geprägt war. Der Pietismus als religiöse Abspaltung vom offiziellen Protestantismus beförderte das Denken und Schreiben jenseits der konfessionellen Institutionen, wie sie in der Frühen Neuzeit entstanden waren. Er teilt die Aufmerksamkeit für das eigene Selbst, auch für die eigene Empfindungswelt. Daher etablierte sich die aufklärerische Literatur vielfach gerade im Rahmen protestantischer Konfessionen. Die in neun Bänden zwischen 1721 und 1748 erscheinende Gedichtsammlung des Hamburger Patriziers BARTHOLD HEINRICH BROCKES (1680–1747) führt den programmatischen Titel *Irdisches Vergnügen in Gott*. In hunderten von Gedichten wird aus der Betrachtung eines Kirschblütenzweigs wie aus dem schmerzhaften Ziehen eines Zahnes auf Gottes vernünftige Einrichtung der Natur geschlossen. BROCKES schrieb Texte zu Passionskantaten, übersetzte die religiöse Literatur aus Italien und Frankreich, gründete 1715 die „Teutschübende Gesellschaft" und gab eine moralische Wochenschrift *Der Patriot* heraus. Die Suche nach der richtigen Wissenschaft vom Menschen, die Herstellung einer Öffentlichkeit und das literarische Schreiben gingen hier Hand in Hand. Darin ist BROCKES typisch für die Literatur der Aufklärung.

BARTHOLD HEINRICH BROCKES

Kapitel 5   Die Literatur der Neuzeit

ALBRECHT
VON HALLER

Ganz ähnlich war das aufklärerische Handeln und Schreiben des Göttinger Professors ALBRECHT VON HALLER (1708–1777). Als Botaniker, Anatom und Chirurg war er schon beruflich auf das Engste mit der Erforschung der Natur des Menschen befasst. Als langjähriger Herausgeber der *Göttingischen Zeitung von gelehrten Sachen Anzeigen* war er an der Herstellung der aufgeklärten Öffentlichkeit maßgeblich beteiligt. Wie andere Aufklärer schrieb er in den Nebenstunden auch Poesie, darunter sein Langgedicht *Die Alpen* (1729). Haller beschreibt hier nicht nur mit einem botanisch geschulten Blick erstmals die Alpen, sondern erhebt sie zu einer poetischen Ideallandschaft:

> [...] Zwar die Natur bedeckt dein hartes Land mit Steinen,
> Allein dein Pflug geht durch, und deine Saat errinnt;
> Sie warf die Alpen auf, dich von der Welt zu zäunen,
> Weil sich die Menschen selbst die größten Plagen sind;
> Dein Trank ist reine Flut und Milch die reichsten Speisen,
> Doch Lust und Hunger legt auch Eicheln Würze zu;
> Der Berge tiefer Schacht gibt dir nur schwirrend Eisen,
> Wie sehr wünscht Peru nicht, so arm zu sein als du!
> Dann, wo die Freiheit herrscht, wird alle Mühe minder,
> Die Felsen selbst beblümt und Boreas gelinder. [...]
> (ALBRECHT VON HALLER, Die Alpen, 1729)

Die politische Freiheit, die moralische Integrität und die Schönheit der von Gott geschaffenen Natur kommen hier zusammen. Und doch finden sich in diesem Gedicht nicht nur harmonisierende Vorstellungen, sondern auch skeptische, ja pessimistische Einreden gegen die menschliche Natur. Die Aufklärung idealisiert die Natur und weiß zugleich um ihre Grenzen.

JOHANN CHRISTOPH
GOTTSCHED

Für die Entwicklung der deutschen Literatur wurde dann JOHANN CHRISTOPH GOTTSCHED (1700–1766) für Jahrzehnte zu einer der dominierenden Figuren. Wie andere Aufklärer gab er moralische Zeitschriften heraus, war Mitglied von Sprachgesellschaften, übersetzte und vermittelte die europäische Aufklärung ins Deutsche. Mehr als 20.000 gedruckte Zeitschriftenseiten hat GOTTSCHED verfasst. Was ihn zu einer überragenden Instanz für die deutsche Literatur gemacht hat, das war die Verbindung von Poetik und Praxis. GOTTSCHED entwarf mit seiner erstmals 1725 erschienenen *Critischen Dichtkunst vor die Deutschen* das Panorama einer an vernünftigen Regeln ausgerichteten Dichtung. Dabei nahm Gottsched vor allem den französischen Klassizismus zur Vorlage, um eine nicht mehr barocke Literatur durchzusetzen. Zugleich verfasste er selbst Mustertragödien und seine Frau LUISE ADELGUNDE VIKTORIA GOTTSCHED (1713–1763) schrieb Musterkomödien wie die *Pietisterey im Fischbeinrock* (1737).

Das Ehepaar GOTTSCHED hatte sich mit Theatertruppen wie der Neuberschen Truppe zusammengeschlossen, um die im aufklärerischen Geist reformierten Stücke auch auf die Bühne zu bringen. Es ging im Sinne der Aufklärung auch um die aufgeklärte Praxis. Gottscheds Tragödie *Der sterbende Cato* (1731) wurde zu einem großen Erfolg auch auf der Bühne und gilt bis heute als erstes deutsches Originaldrama, obgleich ganze Passagen eine Übersetzung aus dem Französischen sind und sich GOTTSCHED auch nicht streng an die eigene Normpoetik hält. Was Aufgabe eines solchen neuen Theaters sein sollte, das aus der Nachahmung der Natur erwachsen sollte, benennt GOTTSCHED selbst in seiner *Dichtkunst*:

Reform des Theaters

> Die Poesie hergegen ist so erbaulich, als die Moral, und so angenehm, als die Historie; sie lehret und belustiget, und schicket sich für Gelehrte und Ungelehrte: darunter jene die besondere Geschicklichkeit des Poeten, als eines künstlichen Nachahmers der Natur, bewundern, diese hergegen einen beliebten und lehrreichen Zeitvertrieb in seinen Gedichten finden.
> (JOHANN CHRISTOPH GOTTSCHED, Critische Dichtkunst, 1725)

Literatur war im Sinne der Aufklärung der Verbesserung zugänglich, so dass weder GOTTSCHED noch andere Autoren der Aufklärung wie der aufkommenden Empfindsamkeit nicht auch bereit gewesen wären, ihre Gedichte und Dramen der kritischen Verbesserung durch andere auszusetzen. Eine Verbesserungspoetik kann man sie nennen. An Kritik selbst an einer Autorität wie GOTTSCHED fehlt es dann auch nicht. Mit den Schweizern JOHANN JAKOB BODMER (1698–1783) und seiner *Critischen Abhandlung vom Wunderbaren in der Poesie* von 1740 und JOHANN JAKOB BREITINGER (1701–1776) und seiner *Critischen Dichtkunst*, ebenfalls aus dem Jahr 1740, meldeten sich konkurrierende Entwürfe zu Wort, wie Literatur zu sein hatte, genauer: wie sie die Natur nachzuahmen hatte. Denn BODMER und BREITINGER, dann auch MOSES MENDELSSOHN (1728–1786) und GOTTHOLD EPHRAIM LESSING (1729–1781) betonten immer stärker die sinnliche Seite des Menschen und das, was das

Der neuere Begriff der Poesie

18. Jahrhundert die ‚vermischten Empfindungen' genannt hat, dass etwa Liebe und Trauer gleichzeitig vorhanden sein, hohe und nieder Gefühle zusammen kommen können. Das wirkte sich auf das Verständnis aus, was der Dichter sei, wie Texte zu schreiben sein sollten und welche Wirkung sie entfalten konnten.

Aufwertung der Einbildungskraft

1. Die Aufwertung der dichterischen Einbildungskraft war eine für die neuere deutsche Literatur wesentliche Folge. Der Dichter hatte nicht nur die rational geordnete Natur nachzuahmen, sondern wurde schon bei BODMER und BREITINGER auf das Wahrscheinliche verpflichtet. Das schloss das „Wunderbare" mit ein, was eine Umschreibung für das war, was in der europäischen Ästhetik des 18. Jahrhunderts als die „beau désordre", als „schöne Unordnung" bezeichnet wurde. Aufgabe des Dichters war es, den ganzen Menschen nachzuahmen und dabei so zu vergegenwärtigen, dass er vom Dichter als ein ganzer Mensch vorgestellt werden sollte. Das nannte man dann auch „poetisch". Ein poetisches Bild des ganzen Menschen imaginieren zu können, galt jetzt als besondere poetische Leistung des Dichters. So formuliert es BODMER in seiner Abhandlung *Critische Betrachtungen über die poetischen Gemählde der Dichter* von 1741:

> [Die Einbildungskraft] übertrifft alle Zauberer der Welt, sie stellt uns nicht alleine das Würckliche in einem lebhaften Gemählde vor Augen, und macht die entferntesten Sachen gegenwärtig, sondern sie zeiht auch mit einer mehr als zauberischen Kraft, das, so nicht ist, aus dem Stande der Möglichkeit hervor, theilet ihm dem Scheine nach eine Würcklichkeit mit, und machet, daß wir diese neuen Geschöpfe gleichsam sehen, hören und empfinden.
> (JOHANN JAKOB BODMER, Critische Betrachtungen über die poetischen Gemählde der Dichter, 1741)

Abwertung der Rhetorik

2. Kehrseite dieser Aufwertung des dichterischen Tuns war die Abwertung der Rhetorik. Galten Rhetorik und Poetik in der Frühen Neuzeit als Zwillinge, die sich gegenseitig beförderten, so verlor im 18. Jahrhundert die Rhetorik auffällig an Bedeutung. Sie regelte immer weniger Aufbau und Gestaltung der Gedichte und Dramen, ja geriet in den Verdacht, gar nicht zur Wissenschaft vom Menschen beizutragen, sondern nur zu überreden, wo es um Überzeugen ging. Denn die Poesie galt immer weniger als eine zuerst lehrbare Kunstfertigkeit, die in den einzelnen Gattungen

anhand rhetorischer Muster und poetischer Regeln eingeübt werden konnte. Poesie war nun für das zuständig, was man in Europa damals das „je ne sais quoi" nannte, das schwer oder nicht vollständig, nicht richtig zu Sagende über den Menschen. Dieses Unbegreifliche des Menschen sollte gerade Aufgabe der Poesie sein. Das vertrug sich schlecht mit dem Schulcharakter aller Rhetorik. Die Zahl der Rhetoriklehren geht daher im Laufe des 18. Jahrhunderts kontinuierlich zurück.

3. Die Entstehung der Ästhetik war die Konsequenz aus dem sich wandelnden Verständnis, was die Poesie sei. Aufgewertet wurde unter dem Einfluss des englischen Sensualismus und des Pietismus das „untere" Erkenntnisvermögen des Menschen. Der ganze Mensch verfügte nicht nur über Verstandeskräfte und Vernunft, sondern auch über sinnliche Erkenntnis. Sie war in den bisherigen Wissenschaften ohne rechten Platz. So ist es kein Zufall, dass in der Aufklärung die Ästhetik als Lehre der sinnlichen Erkenntnis entstand. Mit seinen *Meditationes philosophicae de nonnullis ad poema pertinentibus [Philosophischen Betrachtungen über einige Bedingungen des Gedichts]* (1735) hatte ALEXANDER GOTTLIEB BAUMGARTEN (1714–1762) 1735 die Ästhetik als einen eigenständigen Teil der Philosophie begründet:

Entstehung der Ästhetik

> Nun ist es aber eine elende Moral, welche uns zwar sagt, was wir thun sollen, nicht aber wie wir dasselbe bewerkstelligen können. Wenn also die philosophische Sittenlehre vollständig seyn sol, so muss man wissen, wie man den sinnlichen Theil der Seele verbessern soll, dieses aber lehrt uns die Aesthetick.
> (ALEXANDER GOTTLIEB BAUMGARTEN, Philosophische Betrachtungen über einige Bedingungen des Gedichts, 1735)

1750 erschien dann der erste Band seines zweibändigen Hauptwerks *Aesthetica*, das noch KANT als Vorlage für seine ästhetischen Schriften dienen und die ästhetischen Vorstellungen HERDERS anleiten sollte. Damit wurde die Poesie ästhetisch begründet. Genau darin liegt ein epochaler Unterschied zur Literatur des Mittelalters und der Frühen Neuzeit.

Wenn Poesie nicht mehr nur die Ansammlung von Gattungen meinte, sondern einen emphatischen Kollektivsingular „Poesie", wenn diese Poesie etwas zu sagen vermag, was andere Wissenschaften

Die Erfindung der Poesie

Kapitel 5 — Die Literatur der Neuzeit

nicht zu sagen vermögen, dann verändert Literatur grundsätzlich ihren Status. Diese Transformation der Poesie, wenn man so will die Erfindung der Poesie in dem uns bis heute geläufigen Sinne, ist der epochale Vorgang in der deutschen Literatur des 18. Jahrhunderts. Auf Augenhöhe der Zeitgenossen waren diese Umstellungen nicht sofort als eine solche epochale Verschiebung der Literatur wahrzunehmen. Dafür verlief diese Transformation vielfach noch unter Worten, Begriffen und Vorstellungen, die nicht so neu aussahen. BAUMGARTEN etwa griff für seine Neubegründung sowohl auf Vorstellungen des französischen Klassizismus wie besonders auf Leitideen des Pietismus und die rationalistische Philosophie CHRISTIAN WOLFFS zurück. Er verstand die Ästhetik nicht zufällig als Schwesterkunst zur Logik. Und das Unterrichtsfach, das er an der durch den Pietismus geprägten Universität Halle lehrte, war die „Weltweisheit".

Die Empfindsamkeit

Die Durchsetzung der neuen Vorstellung von Poesie wurde wesentlich auch durch Strömungen innerhalb der europäischen Aufklärung befördert, die in Deutschland „Empfindsamkeit" genannt und zwischen 1740 und 1780 gerade im Feld der Literatur bestimmend wurden. Man schrieb sich gefühlvolle Briefe, die der Adressat dann mit Freunden zusammen in seinem Garten laut vorlas, widmete sich Rosenbändern und Gedichten oder auch eine Tabaksdose nach dem Vorbild des empfindsamen Helden aus LAWRENCE STERNES Erfolgsbuch *Sentimental Journey* (1768). LESSING hatte JOHANN CHRISTOPH BODE geraten, diesen Titel STERNES mit „Empfindsame Reise" zu übersetzen. BODES Übersetzung wurde ein großer Erfolg unter den lesenden Schichten in Deutschland und gab der Strömung innerhalb der Aufklärung dann schon zeitgenössisch den Namen „Empfindsamkeit". In Halberstadt hatte JOHANN WILHELM LUDWIG GLEIM (1719–1803) in seinem Haus einen Freundschaftstempel errichtet. Hier war man im Sinne eines gesteigerten Freundschaftskultus gerne zu Gast, las sich Gedichte und Briefe vor und schenkte sich Portraitgemälde, um auch bei Abwesenheit anwesend zu sein. Gegenstand dieses Gefühlskultes waren gerade die vermischten Gefühle, wie sie in den Romanen JEAN-JACQUES ROUSSEAUS (1712–1778) und SAMUEL RICHARDSONS (1689–1761) europäische Erfolge feierten. Die Strömung der Empfindsamkeit stimmte auch in den protestantischen Territorien des Alten Reiches mit den intensiven Selbstbeobachtungen zusammen, die der Pietismus kultivierte, so dass einmal mehr Aufklärung, Religion und neue Literatur ineinander verwoben waren.

1 Die Literatur des 18. Jahrhunderts

Vor diesem Hintergrund verwundert es dann auch nicht, dass Autorinnen wie ANNA LUISA KARSCH (1722–1791), die aus einfachen Verhältnissen stammte, ermutigt wurden, Gedichte zu schreiben und Teil der empfindsamen Kreise waren. 1771 erschien unter dem Namen MARTIN CHRISTOPH WIELANDS der empfindsame Roman *Geschichte des Fräuleins von Sternheim*, tatsächlich verfasst von SOPHIE VON LA ROCHE (1730–1807). Wie der Untertitel *Von einer Freundin derselben aus Original-Papieren und andern zuverläßigen Quellen gezogen* anzeigt, war der Roman wie die anderen europäischen Romane so angelegt, dass der fiktionale Status des Textes zwar zu erkennen ist, aber im Vordergrund die scheinbar authentische Erkundung der Gefühlswelten steht. Dass LA ROCHE zwischen 1783 und 1784 eine der ersten Frauenzeitschriften herausgab mit dem Titel *Pomona für Teutschlands Töchter*, belegt, dass die Empfindsamkeit Teil der Aufklärung blieb.

Autorinnen der Empfindsamkeit

Zu einem der meistgelesenen Autoren des 18. Jahrhunderts wurde der Leipziger Philosophieprofessor CHRISTIAN FÜRCHTEGOTT GELLERT (1715–1769). Er schrieb belehrende Fabeln ebenso wie Lustspiele, die erstmals Heldinnen auf die Bühne brachten, hielt Vorlesungen über Poesie, Beredsamkeit und Moral und veröffentlichte 1747/1748 den Roman *Das Leben der Schwedischen Gräfin von G****. Auch dieser Roman ist als Briefroman angelegt, suggeriert damit ein authentisches Bild empfindsamer Gefühle, vor allem solche der Liebe. Dass auch hier eine Frauenfigur im Mittelpunkt steht, entspricht der empfindsamen Konvention, gerade an den vorgeblich weniger rational kontrollierten Gefühlwelten der Frauen vermischte Gefühle aufzeigen zu können. Dabei gehen Freundschaft und Liebe noch bruchlos zusammen. Als die schwedische Gräfin ihren geliebten Mann tot glaubt, heiratet sie dessen besten Freund. Als aber der tot geglaubte erste Mann zurückkehrt, verzichtet der zweite Ehemann wie selbstverständlich auf die Ehe und wird zum Freund, während das erste Liebespaar wieder vereint ist. In einer Nebenhandlung führt der Roman allerdings vor, wohin übersteigene Empfindsamkeit führen kann, wenn Liebe und Freundschaft nicht gegeneinander ausgewogen sind. Inzest, Giftmord und Selbstmord sind die Folgen einer fehlenden Weltweisheit.

CHRISTIAN FÜRCHTEGOTT GELLERT

Empfindsame Literatur zu schreiben und rührende Lust- und Trauerspiele zu verfassen, war geradezu eine Mode. Man pilgerte an GELLERTS Grab, und europäische Autoren wie ROUSSEAU erfuhren eine geradezu kultische Verehrung, wie wir sie heute im Starkult

MARTIN CHRISTOPH WIELAND

Kapitel 5 Die Literatur der Neuzeit

vorfinden. Ganz offensichtlich begann sich der Status des Autors zu wandeln. Literatur hatte für die lesenden Köpfe des 18. Jahrhunderts nicht nur einen unterhaltenden oder belehrenden Wert. Sie schien vielmehr das Wesentliche über den Menschen am ehesten sagen zu können und wurde damit selbst zu einem Katalysator der Ausbildung des Menschen zum Menschen. Eben das wurde sehr bald schon selbst zum Problem der Literatur und von den hochkulturellen Autoren thematisiert. MARTIN CHRISTOPH WIELAND (1733–1813), der heute eher am Rande der literaturgeschichtlichen Darstellungen steht, gehört zu diesen hochreflektierten Autoren. Er hat mit satirischem Witz, der gelassenen Heiterkeit des Rokoko und großer Menschenkenntnis in seinen Versepen und Märchen die Selbsttäuschungen über die eigene Gefühle zur Vorlage genommen. In seinem *Agathon*-Roman führt er in einer antikisierenden Einkleidung den Bildungsweg des jungen Agathon vor, der oft genug Realität und poetische Imagination nicht zu unterscheiden vermag, platonische Liebe und erotische Lust nicht verbinden kann. Das gelingende Leben, das diese unterschiedlichen Seiten des Lebens zusammenführt und in ein ausgeglichenes Verhältnis zu bringen vermag, ist das Bildungsziel des Romans. Freilich blieb er unvollendet. WIELANDS Roman gilt dennoch als erster in einer Reihe von Romanen, die man dann „Bildungsromane" nennen sollte, also Romane, in deren Mittelpunkt die Bildungsbiografie eines meist männlichen Protagonisten steht.

GOTTHOLD EPHRAIM LESSING

Mehr noch als WIELAND gilt GOTTHOLD EPHRAIM LESSING (1729–1781) als der Vertreter der Aufklärungsliteratur. Wie WIELAND hat er in ganz unterschiedlichen Gattungen geschrieben und sich nicht nur auf die schöne Literatur beschränkt. Seine philosophischen und theologischen Abhandlungen haben mit einer unerhörten Radikalität die Grenzen der Religion zu bestimmen versucht. Sein dramatisches Gedicht *Nathan der Weise* ist ungeachtet seiner klassischen Dramenform die Fortsetzung religionsaufklärerischer Debatten auf dem Theater. 1779 erschienen und 1783 in Berlin uraufgeführt, verwirft es die Möglichkeit, die wahre Religion anders bestimmen zu können als darüber, welchen Einfluss sie auf das moralische Handeln des Menschen hat. Zur aufklärerischen Seite LESSINGS gehört es auch, die Regeln der Poesie nicht deduktiv aus Normen abzuleiten, sondern durch die Beobachtung und Reflexion über aufgeführte Theaterstücke einen Begriff des richtigen Dramas zu gewinnen. Richtig sollte heißen, eines Theaters, das den ganzen Menschen auf die Bühne brachte. Eben das hat LESSING in seiner *Hambur-

gischen Dramaturgie unternommen. Man kann an ihr sehen, wie LESSING seine Poetik des Mitleids entwickelt und auch hier auf eine Wirkungsästhetik setzt, die Gefühle freizusetzen versucht, – durchaus in der aufklärerischen Absicht, den Menschen zu verbessern:

> [Die Tragödie] soll unsre Fähigkeit, Mitleid zu fühlen, erweitern. Sie soll uns nicht bloß lehren, gegen diesen oder jenen Unglücklichen Mitleid zu fühlen, sondern sie soll uns weit fühlbarer machen, daß uns der Unglückliche zu allen Zeiten, und unter allen Gestalten, rühren und für sich einnehmen muß. [...] Der mitleidigste ist der beste Mensch, zu allen gesellschaftlichen Tugenden, zu allen Arten der Großmut der aufgelegteste. Wer uns also mitleidig macht, macht uns besser und tugendhafter, und das Trauerspiel, das jenes tut, tut auch dieses, oder – es tut jenes, um dieses tun zu können.
> (GOTTHOLD EPHRAIM LESSING, MOSES MENDELSSOHN, FRIEDRICH NICOLAI, Briefwechsel über das Trauerspiel, 1756)

In seinen Trauer- und Lustspielen entwirft LESSING daher Charaktere, die nicht mehr nur einsinnige Fehler haben, sondern sich wie *Miß Sara Sampson* oder *Emilia Galotti* in ihren eigenen Gefühlen verfangen. Man hat diese Dramen, nach der gelegentlich von LESSING als Untertitel gebrauchten Bezeichnung, auch als „Bürgerliche Trauerspiele" bezeichnet. Das verleitet dann dazu, in diesen Stücken nach bürgerlichen Figuren zu suchen. Tatsächlich spielen diese Stücke aber überwiegend und nicht nur bei LESSING im Landadel. Bürger treten nur selten auf wie etwa in SCHILLERS *Kabale und Liebe*. ‚Bürgerlich' meint tatsächlich die Wahl nicht-heroischer Figuren und dramatischer Konflikte, die empfindsame Problemkonstellationen zur Vorlage haben und in Prosa, statt wie bis dahin üblich in Versen, sprechen. Dramen wie die LESSINGS oder JOHANN GOTTLOB BENJAMIN PFEILS (1732–1800) oder des Erfolgsschauspielers AUGUST WILHELM IFFLAND (1759–1814) spielen bevorzugt innerhalb von Familien, weil nur hier jenseits der Ständewelt der ganze Mensch vorgeführt werden kann.

Bürgerliches Trauerspiel

Die Entstehung der modernen Poesie verläuft nicht einsinnig, so als ob immer weitere Ausdrucksbereiche erschlossen werden würden. Gerade weil der Individualität der Autoren wachsende Spielräume zugestanden werden, kommt es zu ganz unterschiedlichen Lösungen. 1749 veröffentlich der junge Gymnasiast FRIEDRICH GOTTLIEB KLOPSTOCK (1724–1803) sein „Heldengedicht", das den höchsten nur

FRIEDRICH GOTTLIEB KLOPSTOCK

denkbaren Gegenstand zur Vorlage nimmt, Jesus Christus. Klopstocks Versepos *Messias* wird zum Erfolgsbuch für die jüngere Generation der Leserinnen und Leser. Wer daraus zitierte, gab sich als empfindsame Seele zu erkennen. Dichter wie CHRISTIAN FRIEDRICH DANIEL SCHUBART (1739–1791) zogen übers Land, um in den Gasthäusern aus diesem Epos vorzulesen. Es wurde wie ein religiöses Erbauungsbuch gelesen. Doch entsprach es keiner konfessionellen Dogmatik mehr, sondern war ins Erhabene gesteigerte Poesie. KLOPSTOCK wurde verehrt wie kein Dichter vor ihm. Noch sein Begräbnis 1803 glich dem Begräbnis eines Königs. Auf seinem Sarg hatte man eine Ausgabe des *Messias* gelegt. Nie zuvor war ein Schriftsteller so zu einer Ausnahmeerscheinung erhoben worden.

Genie-Begriff

Das lag nicht nur an KLOPSTOCKS Selbstinszenierung, sondern an der grundsätzlichen Rangerhöhung des Dichters. Ihm wurde ein privilegierter Wahrheitszugang zugeschrieben, seinem Werk eine unhintergehbare Originalität. Der Begriff des 18. Jahrhunderts für diese Ausnahmemenschen war der des ‚Genies'. Er bestimmt bis heute, wenn auch verblasst, noch unsere Vorstellung vom Autor und erklärt, warum es etwa wichtig ist, was Dichter zu politischen Ereignissen oder anderen Themen sagen, als wüssten sie, nur weil sie Autoren sind, mehr und Klügeres zu sagen als andere Bürger.

‚Sturm und Drang'

Radikaler als andere Gruppen im 18. Jahrhundert hatte sich in Straßburg und dann auch in Frankfurt eine Gruppe von Studenten diese Begriffe des Genies und der Originalitätsästhetik zueigen gemacht. Man hat sie später nach einem Dramentitel als ‚Sturm und Drang' bezeichnet. Aber der ‚Sturm und Drang' ist keine Teilepoche der Aufklärung, sondern eine Bewegung jüngerer Autoren, die im Feld der Literatur der Aufklärung eine neue, vielfach radikale Position einnehmen, im Gesamtbild des 18. Jahrhunderts aber eher am Rande blieben. Ihre ästhetischen Leitideen hatte JOHANN GOTTFRIED HERDER (1744–1803) in seinen sprachphilosophischen und kunsttheoretischen Schriften formuliert. In dem „Naturdichter" Ossian, einem angeblich keltischen Barden aus alter Zeit, sahen HERDER und sein Kreis ein Ideal des Dichters, der zeitenthoben erhabene Poesie zu dichten vermocht hat und dem nachzueifern war. Ein anderes Ideal war SHAKESPEARE, der bis dahin vielfach als ein schlechtes Vorbild für die Dichtung angesehen wurde, da seine Dramen als unregelmäßig galten. Den Stürmern und Drängern wie HERDER aber war genau diese Unregelmäßigkeit ein Ausweis der Originalität. Ihr galt die Verehrung, das war Genie.

Der junge GOETHE

Der junge GOETHE (1749–1832), der dem Straßburger Kreis um HERDER angehörte, hatte mit seinem *Götz von Berlichingen mit der eisernen Hand* 1771 ein Schauspiel vorgelegt, das durch seinen raschen Szenenwechsel, seine hohe Zahl an dramatischen Figuren und seine derbe, bis zur Unverständlichkeit gesteigerte Sprache bei der Gestaltung der Zigeunerszenen die Unregelmäßigkeit provokativ herausstellt. Sein Trauerspiel *Stella* von 1775 löst den dramatischen Konflikt der Liebe zwischen einem Mann und zwei Frauen durch eine Ehe zu dritt. Andere Dramatiker exponierten das Thema der aus Verzweiflung zur Kindermörderin – so auch der Titel von HEINRICH LEOPOLD WAGNERS (17747–1779) Drama von 1776 – gewordenen jungen Frauen, obgleich Verurteilungen von Kindsmord im 18. Jahrhundert immer mehr zurückgingen. Nicht um das soziale Problem ging es zuerst, sondern um die Erkundung extrem gesteigerter Gefühle. Hier glaubte man den ganzen Menschen greifen zu können. Dass dies sehr wohl mit aufklärerischen Ideen zusammenging, hat der unglückliche JAKOB MICHAEL REINHOLD LENZ (1751–1772) in seinen Dramen *Der Hofmeister* oder *Die Soldaten* (1774 und 1776) gezeigt. Auch SCHILLERS frühe Dramen *Die Räuber*, sowie *Kabale und Liebe* (1781 und 1783) verfolgen nicht nur extreme, bis ins Unwahrscheinliche gesteigerte menschliche Handlungen und Gefühle, sondern auch aufklärerische Absichten wie die Kritik am ständischen Absolutismus.

Der 'Werther'

1774 erschien dann das Werk, das nicht erst im Rückblick, sondern auf Augenhöhe der Zeitgenossen zum Inbegriff der neuzeitlichen Literatur wurde, die bis heute dauert. Gemeint ist GOETHES *Die Leiden des jungen Werthers*. Ein Buch, mit dem sich GOETHE selbst von seinen empfindsamen Leitideen frei geschrieben hat und dessen Protagonist zugleich zum realen Vorbild für seine Leserinnen und Leser wurde. Sein Selbstmord am Ende des Romans wurde nachgeahmt. LENZ hat dieses Buch auf eine für das neuzeitliche Verständnis von Poesie charakteristische Weise verteidigt, als er auf der Autonomie der Kunst abhob: „Sie halten ihn [den *Werther*-Roman] für eine subtile Verteidigung des Selbstmords? Das gemahnt mich, als ob man Homers Iliade für eine subtile Aufmunterung zu Zorn, Hader und Feindschaft ausgeben wollte. [...] Die Darstellung so heftiger Leidenschaften wäre dem Publikum gefährlich? [...] Laßt uns also einmal die Moralität dieses Romans untersuchen, nicht den moralischen Endzweck, sondern die moralische Wirkung, die das Leben dieses Romans auf die Herzen des Publikums haben könne und haben müsse. [...] Eben darin besteht

Kapitel 5 — Die Literatur der Neuzeit

Werthers Verdienst, dass er uns mit Leidenschaften und Empfindungen bekannt macht, die jeder in sich dunkel fühlt, die er aber nicht mit Namen zu nennen weiß. Darin besteht der Verdienst jedes Dichters." Auch diese Verteidigung folgt dem aufklärerischen Anliegen, eine Wissenschaft des Menschen entfalten zu wollen. Die erzählerischen Mittel, deren GOETHE sich bedient, sind als solche nicht neu. Auch er nutzt das Muster des Authentizität erheischenden Briefromans. Aber hier wird die Liebe zu einer ausweglosen Exklusivität gesteigert, die die Empfindsamkeit noch nicht kennt. Nur mit Charlotte kann Werther glücklich werden oder sterben.

Das neue Verständnis von Literatur

GOETHE kann diesen zunächst nur pubertär erscheinenden Konflikt in einer unerhört dichten Sprache so vergegenwärtigen, wie kein Autor vor ihm. Dass es dabei wesentlich um die durchaus problematische Wirkung von Literatur selbst geht, sieht man an den vielen, an den für die Handlung entscheidenden Stellen eingeführten Verweisen auf die Literatur, etwa auf den KLOPSTOCK-Kult. Unter dem Eintrag vom 16. Junius heißt es:

> Am 16. Junius
> Wir traten ans Fenster. Es donnerte abseitwärts, und der herrliche Regen säuselte auf das Land, und der erquickendste Wohlgeruch stieg in aller Fülle einer warmen Luft zu uns auf. Sie stand auf ihren Ellenbogen gestützt, ihr Blick durchdrang die Gegend; sie sah gen Himmel und auf mich, ich sah ihr Auge tränenvoll, sie legte ihre Hand auf die meinige und sagte: „Klopstock!" -- Ich erinnerte mich sogleich der herrlichen Ode, die ihr in Gedanken lag, und versank in dem Strome von Empfindungen, den sie in dieser Losung über mich ausgoß. Ich ertrug's nicht, neigte mich auf ihre Hand und küßte sie unter den wonnevollsten Tränen. Und sah nach ihrem Auge wieder -- Edler! Hättest du deine Vergötterung in diesem Blicke gesehen, und möcht' ich nun deinen so oft entweihten Namen nie wieder nennen hören!
> (JOHANN WOLFGANG GOETHE, Die Leiden des jungen Werthers, 1774)

Diese so ungeheuer intensive Darstellung hat enthusiastische, aber ebenso scharf ablehnende Reaktion hervorgerufen. GOETHE war mit diesem Roman über Nacht berühmt geworden. Noch NAPOLÉON hat GOETHE als Autor des *Werthers* geschätzt. Die deutsche Literatur war mit diesem Werk unübersehbar neuzeitlich geworden.

In der Summe hatte die Literatur des 18. Jahrhunderts den Dichter grundlegend aufgewertet und in Konzepten wie dem vom Genie einen bis dahin unbekannten Rang verliehen. Seiner Einbildungskraft wird anvertraut zu sagen, was sonst niemand zu sagen vermag. Erwartet wird von der Literatur Originalität als Ausweis ihres Ausnahmerangs. Ja mehr noch wird Literatur selbst ästhetisch. Und Lesen heißt nun extensive und zugleich identifikatorische Lektüre.

Zusammenfassung

- Aufwertung des Autors bis hin zum Genie
- Betonung der dichterischen Einbildungskraft
- Ästhetisierung der Literatur
- Originalitätsästhetik
- extensive und identifikatorische Lektüre

Zu bedenken bleibt freilich, dass dieses neue Verständnis der literarischen Kommunikation nur von einer kleinen Gruppe von Autoren und Lesern geteilt wurde und etwa volksaufklärerische Schriften oder solche des Pietismus, die ganz anderen Regeln folgen, immer noch weit mehr Leser gefunden haben. Hier hat man noch laut und in der Gruppe vorgelesen, währen die neuen Leser alleine und leise lesen lernten.

Volksaufklärung der Literaturgeschichte

2 Klassik und Romantik

Literaturgeschichten neigen dazu, das Innovative von Entwicklungen herauszustellen und dabei die Kulturgeschichte der zeitgenössischen Wahrnehmung von Literatur zu übersehen. Damit folgen sie genau jener Originalitätsästhetik, die erst im 18. Jahrhundert formuliert wurde und Geltung erlangt hat. Übersehen wird dann, dass nicht LESSINGS Dramen, sondern eher die IFFLANDS die Bühnen des 18. Jahrhunderts beherrscht haben und Aufklärer wie FRIEDRICH NICOLAI zu den bestimmenden Institutionen auf dem Literaturmarkt des 18. Jahrhunderts zählten, der Sturm und Drang aber nicht sehr viel mehr als eine kleine Bewegung junger Autoren war, so ungewöhnlich neu ihre Texte auch sein mochten.

Innovation und Literaturgeschichte

Wenn es einen Grund gibt, gerade die Autoren, Werke und Leser herauszuheben, die kulturgeschichtlich zunächst nicht so bestimmend waren, wie sie der Literaturgeschichte erscheinen, dann liegt der wie in jeder kulturellen Evolution darin, schon jene neuen Arten ausmachen zu können, die im literarischen Feld wirksam

Kulturelle Vergesellschaftung und Exklusionsindividualität

101

werden und eine auch für die Kulturgeschichte wichtige Funktion übernehmen sollten. Vieles von dem, was in der Literatur des 18. Jahrhunderts konzipiert wurde, war zunächst nur für kleine Gruppen bedeutsam. Erst im 19. Jahrhundert, als der Anteil der Menschen rasch anstieg, der Lesen und Schreiben konnte und Bücher immer erschwinglicher wurden, so dass sie immer weitere Teile der Gesellschaft zu prägen begannen, wurde in Breite wirksam, was im 18. Jahrhundert nur für eine vergleichsweise kleine Gruppe galt: die kulturelle Vergesellschaftung, also die Prägung der Gesellschaft nicht über konfessionelle Leitvorstellungen noch über solche der Ständegesellschaft, sondern über die neuzeitliche Kultur, die den Menschen als ganzen ansprechen will. Schon im 18. Jahrhundert lässt sich beobachten, dass Autoren und ihre Figuren nicht dadurch sich zu bestimmen suchen, dass sie sich bestimmten Gruppen zuordnen, sondern im Gegenteil: Man ist Mensch gerade dort, wo man sich vor aller ständischen Zuordnung frei fühlt. Die Exklusion macht aus dem Menschen das Individuum. Werther ist der Protagonist dieser Exklusionsindividualität. Er weiß, wer er ist, in Gegenstellung zur Gesellschaft. Literatur fungiert hier als Agent dieser Exklusionsindividualität und beansprucht deshalb eine Eigenständigkeit vor allen gesellschaftlichen Inanspruchnahmen.

Die Goethezeit (um 1800)

Eine solche radikal neue Vorstellung der Aufgabe von Literatur ist die epochale Leistung der Neuzeit. Sie entsteht im 18. Jahrhundert und geht im 19. Jahrhundert in die Breite der gesellschaftlichen Selbstbeschreibungen ein. Diese Rangerhöhung der Literatur wird ihr schon im 18. Jahrhundert selbst zum Problem. Literatur beobachtet sich selbst und ihre Wirkung und gewinnt daraus einen guten Teil ihrer Autonomie. Klassik und Romantik sind unterschiedliche Lösungen, mit dem Problem der Kunstautonomie umzugehen. Da sie als Prototypen der deutschen Literatur gelten, die gerne auch als Goethezeit zusammengezogen werden, da GOETHE innerhalb dieser Literatur um 1800 eine so überragende Bedeutung zukommt, lohnt es sich, beide Bewegungen der neuzeitlichen Literatur genauer anzusehen.

JOHANN JOACHIM WINCKELMANN

1755 veröffentlichte der Schustersohn JOHANN JOACHIM WINCKELMANN (1717–1768) inmitten der Aufklärung eine kleine, zunächst nur in geringer Anzahl, dann gleich 1756 in hoher Auflage gedruckte Schrift *Gedanken über die Nachahmung der Griechischen Wercke in der Mahlerey und Bildhauer-Kunst*. WINCKELMANN hatte die griechischen Kunstwerke nicht im Original gesehen, sondern in

Stichen und Gipsabgüssen studiert. Anders als noch in der Frühen Neuzeit war sich WINCKELMANN bewusst, dass die Kunst der Alten vielfach vermittelt ist, über die Römer und über die Kunst der Renaissance. Für ihn war das Urbild und zugleich die Norm höchster Kunst die griechische, die Kunst des klassischen Athen. Sie nachzuahmen als das Idealschöne war die Aufgabe einer erneuerten Kunst. Vieles von dem, was in WINCKELMANNS Schrift dann zu stehenden Wendungen der Ästhetik werden sollte, – auch seine Formel von der „edlen Einfalt und stillen Größe" –, die den Kunstwerken der Griechen zu eigen sei, waren, wie WINCKELMANNS Exzerpthefte belegen, fast wörtliche Zitate aus dem Französischen Klassizismus. Und doch war alles neu an dieser Schrift.

Für die Literatur entfaltete diese Schrift verspätet eine enorme Wirkung, so dass sie zur Gründungsschrift des Klassizismus in Deutschland, für die entstehende wissenschaftliche Archäologie und Kunstgeschichte und dann auch und nachhaltig für die Weimarer Klassik werden sollte. WINCKELMANN beschreibt auf eine neue Weise Kunst und ästhetische Wirkung von Kunstwerken. Er findet Formeln, wie Kunst zu sein hat, wenn sie nicht mit einer immer weiteren Überbietung der Individualität enden will, sondern auf den ganzen Menschen eine erhaben-idealische und vergesellschaftende Wirkung entfalten sollte. Berühmt geworden ist seine Formel vom ruhigen Grund des Meeres und der bewegten Oberfläche:

„edle Einfalt und stille Größe"

> Das allgemeine vorzügliche Kennzeichen der griechischen Meisterstücke ist endlich eine edle Einfalt, und eine stille Größe, sowohl in der Stellung als im Ausdrucke. So wie die Tiefe des Meers allezeit ruhig bleibt, die Oberfläche mag noch so wüten, ebenso zeigt der Ausdruck in den Figuren der Griechen bei allen Leidenschaften eine große und gesetzte Seele.
> (JOHANN JOACHIM WINCKELMANN, Gedanken über die Nachahmung, 1755)

Das Kunstwerk versprach nicht die immer weitere Steigerung des Genies, sondern sollte unter der bewegten Oberfläche des menschlichen Lebens den idealischen Grund der Wirklichkeit sichtbar machen. Der Klassizismus um 1800 löste daher das Problem, das die Entwicklung der Literatur im 18. Jahrhundert geschaffen hatte. Das erklärt auch, warum WINCKELMANNS Schrift verzögert wirksam wurde. Wenn es die Literatur war, die dem Menschen vor allen ständischen Verregelungen sagte, wer er ist, dann musste die Lite-

Weimarer Klassik

Kapitel 5 Die Literatur der Neuzeit

ratur Regeln finden, die in mehr bestanden als einem immer weiteren Herausschieben immer radikalerer Erkundungen des Menschen. Die Klassik war eine solche Lösung. Doch für GOETHE, SCHILLER oder auch KARL PHILIPP MORITZ und andere im Umkreis Weimars fehlt im Alten Reich eine der wesentlichen Voraussetzungen für klassische Kunst: der Staat, der vergleichbar dem perikleischen Athen der Antike der Grund für eine Klassik wäre. Insofern war die Weimarer Klassik eine andere als die übrigen europäischen Klassizismen. Sie war ein ästhetisches Programm, das sich seine eigenen Voraussetzungen erst selbst schaffen musste. Es entsprach aber dem Klassizismus nicht, programmatisch zu sein und sich erst eine theoretische Grundlage zu geben, bevor klassische Kunst geschaffen werden konnte. Denn die Grundlage der Kunst waren ja gerade die unbewegten Ideale des Schönen, Wahren und Guten, die der Begründung nicht bedurften, eben weil sie Ideale waren.

GOETHE und SCHILLER

Man kann schon biographisch beobachten, wie für GOETHE und SCHILLER und ihren Kreis gleichgesinnter Autoren die Suche nach einem idealischen Grund der Kunst, zu einem Lebensthema wurde. War es bei GOETHE der Ausbruch nach Italien 1785/86, so war es bei SCHILLER die nach dem *Don Karlos* einsetzende Suche nach einer ästhetischen Neubegründung der Literatur, die sich vor allem in seinen KANT-Studien und den daraus erwachsenden ästhetischen Schriften niederschlug. Als sich dann Mitte der 90er Jahre GOETHE und SCHILLER auch persönlich annäherten, erwuchs eine programmatische Arbeitsgemeinschaft in Weimar, die die Literatur des 18. Jahrhunderts auf eine neue Grundlage stellte. Die Literatur sollte zur idealischen Bildung des Menschen beitragen, ja sie erst ermöglichen. Das war sehr viel mehr, als es die Erziehungsideen der Aufklärung einforderten. Gemeint war Bildung in dem emphatischen Sinn, wie er bis heute durch die Vermittlung WILHELM VON HUMBOLDTs für die deutsche Bildungsgeschichte bestimmend werden sollte. Um 1800 war das alles neu und fast ohne Voraussetzungen.

Klassizismus

Die Stilmerkmale lassen sich leicht aufzählen, stammen sie doch überwiegend aus der Tradition des europäischen Klassizismus:

> ▶ Vorrang des Zeitlosen gegenüber dem Modernen, des Kanons gegenüber der Originalität
> ▶ Vorrang des *Disegno*, d.h. des idealisierenden Entwurfs und seiner Zeichnung, vor der Farbe, vor dem sinnlichen Oberflächenreiz

- Vorrang der farblosen, idealisierenden Plastik vor der mit Licht und Farbe arbeitenden Malerei und in der Malerei selbst der an den Antiken orientierten vor der an der bloßen Natur ausgerichteten
- Vorrang Raffaels als Künstler der Komposition, der Zeichnung und der Renaissance vor den Koloristen Tizian oder Rubens
- Ausrichtung auf das Idealschöne gegenüber der gemeinen Natur, dem Manierierten oder Hässlichen
- Dämpfung der Leidenschaften statt ihre Stimulierung
- Ruhe statt Bewegung
- Erhebung ins Idealistische gegenüber dem Sinnlichen
- Stilisierung und Auswahl statt täuschende Nachahmung.

Literatur hatte die Erziehung des Menschen zum idealischen Bild seiner selbst zu bewirken. Sie durfte ihn daher nicht wie im Sturm und Drang in ihrer Wirkung überwältigen, sondern musste die innere Freiheit zum eigenen Urteil belassen. Nur so traf sie den ganzen Menschen.

DEFINITION

Weimarer Klassik bezeichnet die enge Zusammenarbeit zwischen GOETHE und SCHILLER zwischen 1786 und 1805 und die sich darum gruppierenden Autoren, Künstler und Politiker. Die Bezeichnung ist erst später geprägt worden. „Weimar" meint hier nicht nur den Wirkungsort, sondern zeigt an, dass es aufgrund der zersplitterten politischen Verhältnisse in Deutschland keine „Deutsche Klassik" gegeben hat. „Klassik" bezeichnet die ästhetischen Leitvorstellungen, die diese Autoren miteinander verband, die um Begriffe wie Humanität, ästhetische Erziehung, das Erhabene gruppiert sind.

Enthusiastisch und für seine Zeit schockierend hat GOETHE dieses neue Kunstideal in seinen *Römische Elegien* zum Ausdruck gebracht. Hier spricht nicht mehr ein lyrisches Ich, das noch wie in seinen Friederiken-Liedern die eigene Überwältigung bis zum stammelnden Sagen treibt, das Reimschemata und Versemaße nicht zu kennen scheint. Hier dagegen wird in Versen, im komplizierten Versmaß der Elegie gesprochen. Und das so, dass es den Anschein hat, als wäre es ohne Anstrengung in einer Nacht bei der Geliebten entstanden:

Römische Elegien

Froh empfind' ich mich nun auf klassischem Boden begeistert,
Lauter und reizender spricht Vorwelt und Mitwelt zu mir.
Ich befolge den Rat, durchblättre die Werke der Alten
Mit geschäftiger Hand täglich mit neuem Genuß.

Kapitel 5 — Die Literatur der Neuzeit

> Aber die Nächte hindurch hält Amor mich anders beschäftigt,
> Werd ich auch halb nur gelehrt, bin ich doch doppelt vergnügt.
> Und belehr ich mich nicht? wenn ich des lieblichen Busens
> Formen spähe, die Hand leite die Hüften hinab.
> Dann versteh ich erst recht den Marmor, ich denk' und vergleiche,
> Sehe mit fühlendem Aug', fühle mit sehender Hand.
> Raubt die Liebste dann gleich mir einige Stunden des Tages;
> Gibt sie Stunden der Nacht mir zur Entschädigung hin.
> Wird doch nicht immer geküßt, es wird vernünftig gesprochen,
> Überfällt sie der Schlaf, lieg ich und denke mir viel.
> Oftmals hab' ich auch schon in ihren Armen gedichtet
> Und des Hexameters Maß, leise, mit fingernder Hand,
> Ihr auf den Rücken gezählt, sie atmet in lieblichem Schlummer
> Und es durchglüht ihr Hauch mir bis ins tiefste die Brust.
> Amor schüret indes die Lampe und denket der Zeiten,
> Da er den nämlichen Dienst seinen Triumvirn getan.
> (JOHANN WOLFGANG GOETHE, Römischen Elegien, V, 1795)

GOETHES Kunstideal

Nach dem *Werther* war GOETHE (1749–1832) nur noch mit einem Werk vergleichbar erfolgreich, das ganz dem klassizistischen Ideal verpflichtet ist, sein Versepos *Hermann und Dorothea*. Hier ist die Auseinandersetzung mit der Französischen Revolution durch die Thematisierung der Revolutionsflüchtlinge direkt zu greifen, die sonst bei GOETHE eher nur mittelbar zu greifen ist. Der homerisierende Stil idealisierte in diesem Epos forciert die Handlung und ihre Figuren und versucht gerade dadurch den unbewegten Grund des Meeres inmitten der Wirren auszumachen. Es ist keine Übertreibung, dass GOETHES Werk von diesem Klassizismus nachhaltig bestimmt ist, und das ist in so unterschiedlichen Werken wie dem *Wilhelm Meister*-Roman von 1795/96 zu finden, oder auch etwa in dem Schauspiel *Iphigenie auf Tauris* von 1787. Das liegt weniger an antikisierenden Figuren und Handlungsorten als vielmehr an dem psychologisch gar nicht mehr plausiblen, dafür ins Symbolische erhobenen Handlungszusammenhang. Dass „schön ist, was sich ziemt", wie es in GOETHES Künstlerdrama *Torquato Tasso* heißt, steht für ein Kunstideal, das GOETHE auch als Naturforscher verfolgt hat. Dort hat er nämlich über Jahrzehnte hinweg nach jener allen Pflanzen gemeinsamen Urpflanze gesucht oder nach der Einheit der Farben des Lichts. In einer Literaturgeschichte vergisst man leicht, dass GOETHE sich selbst vor allem als dieser Naturforscher gesehen hat, für den seine klassizistische Grundhaltung so bestimmend war. Man übertreibt nicht sehr, wenn man behauptet, sein schließlich doch fertig gestelltes Hauptwerk, der *Faust*, ist der Versuch, alle „Naturformen" der Poesie in sich aufzunehmen, das ganze Leben auszuschreiten und dennoch ein Werk daraus zu schaffen, das dann wiederum kanonisches Vorbild für weitere Literatur werden sollte. Es sollte selbst der Grund des Meeres sein und alle Poesie der anderen nur bewegte Oberfläche.

FRIEDRICH SCHILLER (1759–1805) hat zunächst eine ästhetische Theorie seiner Werke formuliert, bevor er an ihre Verwirklichung ging. SCHILLER ging es darum, nicht nur das Leiden seiner Figuren auf die Bühne zu stellen, wie noch im Sturm und Drang, sondern ihre idealische Überwindung. Erhaben ist der Mensch dort, wo er wie der Priester Laokoon zu seinen vom Tod bedrohten Söhnen zurückkehrt, nicht weil er ihnen helfen könnte, sondern weil es dem moralischen Ideal des Menschen entspricht, seine Kinder nicht im Tod allein zu lassen. Die Überwindung der sinnlichen Todesangst erhebt den Menschen zu sich selbst. Zum Pathos, zur Darstellung des Leidens muss daher die erhabene Überwindung kommen, damit idealische Kunst entsteht.

SCHILLERS Kunstideal

SCHILLER hat diesem erhabenen Ideal der Literatur seine Dramen nachgeschrieben, betont musterhaft in seiner *Maria Stuart* von 1801. Die Figuren sind hier nicht auf psychologische Plausibilität hin angelegt, sondern Ideenträger. Der Aufbau folgt streng symmetrisch, zunächst der Auftritt der gefangenen und zum Tode verurteilten Maria Stuart in Schloss Fortheringhay im ersten Akt, dann im zweiten Akt der Auftritt Elisabeths in Westminster, dann die erfundene Begegnung der Königinnen als Umschlagspunkt des Dramas in die Katastrophe im dritten Akt, im vierten Akt Elisabeth wieder in Westminster und schließlich im fünften Akt Maria in Fortheringhay kurz vor der Hinrichtung. SCHILLER wendet viel Mühe auf, sicherzustellen, dass Maria am Ende um eines Ideals wegen in den Tod geht, – hier das durch den Gattenmord verletzte Naturrecht –, das durch ihre Hinrichtung in seiner Geltung bestätigt ist. Wie sehr es SCHILLER gerade um dieses erhabene Ideal ging, macht er durch eine auffällig aufwendige Nebentext-Beschreibung der Maria im 6. Auftritt des letzten Aktes deutlich:

Maria Stuart

Kapitel 5   Die Literatur der Neuzeit

> *Die Vorigen. Maria.*
>
> *Sie ist weiß und festlich gekleidet, am Halse trägt sie an einer Kette von kleinen Kugeln ein Agnus Dei, ein Rosenkranz hängt am Gürtel herab, sie hat ein Kruzifix in der Hand, und ein Diadem in den Haaren, ihr großer schwarzer Schleier ist zurückgeschlagen. Bei ihrem Eintritt weichen die Anwesenden zu beiden Seiten zurück, und drücken den heftigsten Schmerz aus. Melvil ist mit einer unwillkürlichen Bewegung auf die Knie gesunken.*
>
> MARIA *(mit ruhiger Hoheit im ganzen Kreise herumsehend.)*
> Was klagt ihr? Warum weint ihr? Freuen solltet
> Ihr euch mit mir, daß meiner Leiden Ziel
> Nun endlich naht, daß meine Bande fallen,
> Mein Kerker aufgeht, und die frohe Seele sich
> Auf Engelsflügeln schwingt zur ewgen Freiheit.
>   (FRIEDRICH SCHILLER, Maria Stuart, V, 6, 1801)

SCHILLER wie GOETHE gelang schließlich, von dem sie zunächst nicht recht zu glauben wagten, das es gelingen könnte: Eine klassische Kunst zu schaffen, die selbst zum Vorbild für weitere Literatur werden sollte.

Die Frühromantik

Schon Ende des 18. Jahrhunderts hatten jüngere Autoren unter Bezug auf SCHILLER und GOETHE begonnen neue Kunstkonzepte zu formulieren. Was die Literaturgeschichte die Frühromantik nennt, war zunächst nicht mehr als eine Gruppe von Studenten an der Universität Jena, die damals von Weimar aus verwaltet wurde. Ihr Anknüpfungspunkt war nicht die Klassik, sondern die neue idealistische Philosophie, wie sie im Anschluss an KANTs Erkenntnistheorie an Bedeutung gewann. KANTs Theorie war deshalb von Interesse gerade für jemanden, der die Wissenschaft vom Menschen betreiben wollte, weil er eine völlig neue Theorie der Selbstbegründung zu liefern schien. Die Welt ist nicht mehr die gegebene Ordnung, in die sich das Individuum einfinden musste, sondern umgekehrt: Die Welt war das Ergebnis des menschlichen Erkenntnisvermögens. KANT (1724–1804) schien eine ganz andere Begründung für die Individualität des ganzen Menschen zu liefern als die bisherige Weltweisheit auch der Aufklärung. In der Interpretation der Erkenntnistheorie durch JOHANN GOTTLIEB FICHTE (1762–1814) lernten die jungen Köpfe eine Welt- und Selbstsicht, die so anders als alle sonstigen Begründungen war. Solche Begründungen waren nach der

Französischen Revolution 1789 nicht nur eine private Angelegenheit mehr, sondern betrafen das gesamte Selbstverständnis. FICHTE verstand es wie kein zweiter, die philosophische Revolution KANTs mit der politischen zu verbinden und gab damit eine ganz andere Begründung von Kunst vor, als sie im Klassizismus üblich war.

Der Grundgedanke der romantischen Selbstvermittlung, der durch alle romantische Texte sich zieht, geht aus dieser idealistischen Erkenntnisproblematik hervor:

Die romantische Selbstvermittlung

1. Die Erkenntnis- oder Transzendentalphilosophie KANTs fragt nach den Bedingungen der Möglichkeit von Erkenntnis.
2. Das Ich, das nach diesen Bedingungen der Erkenntnis seiner selbst fragt, trennt zur Beantwortung dieser Frage das Selbst in erkennendes Subjekt und erkanntes Objekt, weiß sich aber in diesem Selbstverhältnis als Einheit. Das ist ein Widerspruch. Das Ich ist eine Einheit, die im Moment der Selbstbeobachtung zerfällt, aber nicht vergisst, eine solche Einheit zu sein.
3. Die Einheit des Selbstverhältnisses ist daher nicht beobachtbar, weil die Differenz in Subjekt und Objekt die Bedingung der Selbsterkenntnis ist. Das Subjekt verfehlt sich also immer dann, wenn es sich als Objekt zu erkennen sucht. Dieses Paradox ist nicht zu überwinden und ist zugleich die Bedingung der Möglichkeit von Erkenntnis.

Das klingt selbst in dieser Vereinfachung kompliziert und kompliziert sind auch die Abhandlungen der idealistischen Philosophie. Für die Zwecke des Verständnisses der romantischen Literatur genügt es festzuhalten, dass das Individuum, das sich selbst zu erkennen trachtet, sich gerade darin verfehlt. Diese ganz unklassische Grundfigur der Romantik ist in praktisch allen Werken der Romantik zu finden. Immer geht es um die romantische Selbstvermittlung, um ein Ich, das nach sich selbst fragt, in dieser Frage mit sich selbst identisch ist und sich doch als Differenz, als Objekt wahrnimmt. Der Bezug auf Ganzheitsverweise wie Gott, Freundschaft, Liebe, Natur, Religion, Tod und immer wieder auch Kunst sind daher in dem Sinne „unendlich" notwendig, damit das Selbst im Fortschreiten jener Ganzheit entgegen geht, der er sich verdankt, die aber zugleich unerreichbar ist.

Die Grundfigur der Romantik

Poesie ist danach die niemals ihr Ziel erreichende Anstrengung, jene Ganzheit wiederzuerlangen, der sich der Mensch verdankt. Sie ist „progressive Universalpoesie", die nicht still zu stellen ist und

NOVALIS

alles umfasst. Kunst hat gerade keine Grenzen. Selbst Kinderlieder sind verlorene Stücke einer ersten Urpoesie, die verloren und wiederzugewinnen ist, auch wenn das zugleich unmöglich ist. Einer der frühromantischen Autoren, NOVALIS (1772–1801), hat diese paradoxe Suchbewegung der Romantik nach sich selbst so formuliert:

> 16. Die Fantasie setzt die künftige Welt entweder in die Höhe, oder in die Tiefe, oder in der Metempsychose zu uns. Wir träumen von Reisen durch das Weltall: ist denn das Weltall nicht in uns? Die Tiefen unsers Geistes kennen wir nicht. – Nach Innen geht der geheimnißvolle Weg. In uns, oder nirgends ist die Ewigkeit mit ihren Welten, die Vergangenheit und Zukunft. Die Außenwelt ist die Schattenwelt, sie wirft ihren Schatten in das Lichtreich. Jetzt scheint es uns freylich innerlich so dunkel, einsam, gestaltlos, aber wie ganz anders wird es uns dünken, wenn diese Verfinsterung vorbey, und der Schattenkörper hinweggerückt ist. Wir werden mehr genießen als je, denn unser Geist hat entbehrt.
>
> (NOVALIS, Blüthenstaub-Fragment 16, 1798)

FRIEDRICH SCHLEGEL

Diesen geheimnisvollen Weg in uns aufzuzeigen, hatte sich die Frühromantik programmatisch zu Aufgabe gemacht. In Zeitschriften wie dem von FRIEDRICH SCHLEGEL (1772–1829) herausgegebenen *Athenaeum* wurde diese neue Kunst als Projekt entworfen und als „Revolution" ausgerufen. Mit einem programmatischen Anspruch, die Kunst revolutionieren zu wollen, wurden Werke geschrieben, die mit den herkömmlichen ästhetischen oder gar rhetorisch-poetischen Begründungen nichts mehr gemein haben wollten. SCHLEGEL schrieb 1799 einen Roman *Lucinde*, der gar keine Handlung mehr hat und ganz unterschiedliche Gattungen integriert, so dass er gar nichts anderes mehr war als Ausdruck eines Willens zur Kunst. Kunst durfte, ja sollte „unverständlich" sein, wie SCHLEGEL in seiner Abhandlung *Über die Unverständlichkeit* sagte, weil sie gerade in dieser Unverständlichkeit Ausweis der Teilhabe an einem allen bekannten Sprachen und Ausdrucksformen voraus liegenden Grund war.

WILHELM HEINRICH WACKENRODER

Inbegriff dieser neuen Kunst war daher die unbegrifflichste aller Künste, die Musik. Damit war keine reale Musik gemeint, sondern eine imaginierte, die das Unsagbare selbst war und daher schon nicht real. WILHELM HEINRICH WACKENRODER (1773–1798), ein anderer der Jenenser Frühromantiker, hatte in seiner ästhetischen Programmschrift mit dem selbst für die Zeitgenossen befremdlichen Titel *Herzensergießungen eines kunstliebenden Klosterbruders*, 1797, einen Musiker in das Zentrum seiner kleiner Erzählung gestellt, die Teil der Schrift ist und damit den Künstlerroman begründet. Dass immer wieder Künstler das Thema bei romantischen Autoren wie WACKENRODER, SCHLEGEL oder auch TIECK sind, hängt eben damit zusammen, dass die Selbstthematisierung der Kunst an das unergründliche und unsagbare, daher auch unverständliche Selbstverhältnis des Menschen rührt. Der romantische Dichter schreibt daher nicht selbst. Vielmehr wird durch ihn durchgeschrieben von einem unsagbaren Grund her: „Wahrhaftig, die Kunst ist es, was man verehren muß, nicht den Künstler; – der ist nichts mehr als ein schwaches Werkzeug", schreibt WACKENRODER. Der Künstler ist hier nicht mehr souveränes Genie, sondern Werkzeug der Unendlichkeit.

Wie radikal dieses erste Kunstexperiment in der deutschen Literaturgeschichte war, geht schon aus den Titeln hervor, wie etwa NOVALIS Gedicht *Sehnsucht nach dem Tode* aus dem Zyklus *Hymnen an die Nacht*. Auch der Tod ist wie die Musik und Kunst überhaupt eine der Möglichkeiten, sich selbst mit sich zu vermitteln. Die Romantiker waren daher ihrem eigenen Verständnis nach keine Gegner der Aufklärung und deren Suche nach der Wissenschaft vom Menschen, sondern sahen sich als ihre revolutionären Vollender.

Aufklärung und Romantik

In der Konsequenz dieser romantischen Programmatik lag es, die Kunst überhaupt zum Schlüssel der Selbstvermittlung zu erheben. Nachdem sich die Jenaer Frühromantik bald auflösen sollte, fanden sich in Heidelberg andere romantische Autoren zusammen. Die Literaturgeschichte nennt das die ‚Hochromantik'. Hier wurde die Poesie der alten Inder ebenso gesammelt, wie alte Bücher, die Zeugnisse der ersten Poesie des Menschengeschlechts zu sein schienen. CLEMENS BRENTANO (1778–1842) und ACHIM VON ARNIM (1781–1831) sammelten alte Lieder und gaben sie unter dem Titel *Des Knaben Wunderhorn* zwischen 1806 und 1808 heraus.

Die Hochromantik

Sie regten damit die jüngeren Jurastudenten JACOB UND WILHELM GRIMM (1785–1863 und 1786–1859) an, weitere verlorene Quellen zu sammeln. Daraus wurde unter anderem schließlich die Sammlung der *Kinder- und Hausmärchen*. Die Brüder GRIMM glaubten in ihnen jene verschüttete erste Poesie aufgefunden zu haben, die sie zu reinigen hatten, um sie in ihrer ursprünglichen Gestalt wieder herzustellen. Daher haben sie alle Obszönitäten und Gewaltdarstellungen, die in frühneuzeitlichen Märchen reichlich zu finden

Die Märchen der Brüder GRIMM

Kapitel 5   Die Literatur der Neuzeit

sind, getilgt und jene naive Kunst erfunden, die es so nie gegeben hat. „Das Mährchen ist gleichsam der *Canon* der *Poësie* – alles poëtische muß mährchenhaft seyn", hatte schon NOVALIS in dem *Allgemeinen Brouillon, Nr. 940* geschrieben.

Die Spätromantik

Noch in der Spätromantik, wie sie etwa durch den Autor JOSEPH VON EICHENDORFF vertreten wird, findet sich jene Grundfigur, vom verborgenen Grund, zu dem alle Poesie den Weg zurück weist.

> Wünschelruthe
>
> Schläft ein Lied in allen Dingen,
> Die da träumen fort und fort,
> Und die Welt hebt an zu singen,
> Triffst du nur das Zauberwort.
> (JOSEPH VON EICHENDORFF, Wünschelruthe, 1838)

Die Tendenz zur Abstraktion

Es liegt in der romantischen Kunstprogrammatik eine Tendenz zur Abstraktion von Kunst. Denn einmal ist romantische Kunst nur angemessen zu verstehen, wenn man ihre Programmatik ernst nimmt. Zum anderen weitet die Romantik den Kunstbegriff radikal aus. Märchen etwa galten bis dahin gerade nicht als Kunst. Für die Romantiker werden sie zum Inbegriff von Kunst. Dazu kommt das Lob der Unverständlichkeit, die Neigung die Reflexion wiederum zur Reflexion zu erheben und dann in Romanen nicht zu erzählen, sondern zu reflektieren oder Dramen auf die Bühne zu bringen, in denen Schauspiel und Zuschauer als Figuren über ein Bühnenstück reden. Das alles hat eine ungewöhnliche Modernität vor der Moderne und wird dann tatsächlich um 1900 zum Ferment für die moderne Kunst. Zugleich sind viele romantische Romane nur vor dem Hintergrund der romantischen Kunstprogrammatik überhaupt zu lesen und die Dramen aufzuführen. Romantische Literatur folgt daher im Extrem der Vorstellung, Autoren seien kollektive Schreibsubjekte, durch die hindurch geschrieben werde. Ihre Texte seien unverständlich und wollen das sein, um wahre Kunst zu sein. Und ihre Leser sind nur andere Autoren, die in der meditativen Privatlektüre die Poesie fortsetzen.

> **TIPP**
>
> *‚Romantik' ist heute ein Allerweltswort geworden, das fast alles und nichts genau bezeichnet. Versuchen Sie einmal genau zu bestimmen, wo Ihnen etwas begegnet, das tatsächlich im Sinne der Teilepoche romantisch ist, etwa eine künstlich errichtete Burgruine, ein bestimmtes Musikstück oder eben ein Buch.*

2 Klassik und Romantik

Für die Zeitgenossen war dieser revolutionäre Kunstanspruch unverständlich und unverständlich auch die Radikalität, mit der sich die Autoren der Literatur verschrieben. Einer von ihnen, HEINRICH VON KLEIST (1777–1811), der statt Offizier oder Diplomat zu werden, alles daran setzte, Dichter zu werden, begann Dramen und dann auch Erzählungen zu publizieren, die nicht nur das Kopfschütteln GOETHES auslösten. Seine Stücke wie etwa *Amphitryon* von 1807 waren unaufführbar in der Zeit (Uraufführung 1899). Hier ist die Unmöglichkeit der subjektiven Selbstvermittlung auf die Spitze getrieben. Alkemenes Ausruf „Ach" am Ende des Lustspiels markiert die Sprachlosigkeit, mit der sie selbst den Geliebten von Gott nicht unterscheiden kann und nicht mehr weiß, wen sie nun eigentlich liebt. Sogar die mächtigsten Gefühle lassen den Menschen sich selbst verfehlen, so auch die anderen Figuren bei KLEIST, seine *Penthesilea* und seine *Marquise von O*, sein *Michael Kohlhaas* oder sein *Prinz von Homburg*.

HEINRICH VON KLEIST

Selbst die Autoren, die sich noch näher an klassizistischen Kunstidealen orientierten und nicht in die romantische Bewegung eingebunden waren wie JEAN PAUL (1763–1825) und FRIEDRICH HÖLDERLIN (1770–1843), haben nicht nur mit einer selbstzerstörerischen Kraft an dem Wunsch festgehalten, Schriftsteller werden zu wollen, obwohl freie Schriftsteller ökonomisch im 18. Jahrhundert gar nicht überleben konnten. Sie haben auch schwer verständliche Romane geschrieben und Gedichte, die den Zeitgenossen schlichtweg als Unsinn erschienen, wie die zeitgenössischen Rezensionen belegen. JEAN PAULS immer wieder abirrendes, enzyklopädisches Erzählen etwa in seinem großen Roman *Der Titan* von 1800–1803 nimmt in der Form auf, was es verhandelt, die verzweifelte Selbstbegründung des geniehaften Selbst. HÖLDERLINS Gedichte, die hundert Jahre später zum Inbegriff höchster poetischer Vollendung aufrücken sollten, wie etwa *Hälfte des Lebens* aus dem Band *Nachtgesänge* von 1802, waren unverständlich in dem radikalen Anspruch, ausloten zu wollen, ob die Poesie als die eigentliche Wissenschaft vom Menschen in der Lage wäre, den Grund der Subjektivität ergründen zu können.

JEAN PAUL und FRIEDRICH HÖLDERLIN

Mit gelben Birnen hänget
Und voll mit wilden Rosen
Das Land in den See,
Ihr holden Schwäne,
Und trunken von Küssen

Kapitel 5 Die Literatur der Neuzeit

> Tunkt ihr das Haupt
> Ins heilignüchterne Wasser.
>
> Weh mir, wo nehm ich, wenn
> Es Winter ist, die Blumen, und wo
> Den Sonnenschein,
> Und Schatten der Erde?
> Die Mauern stehn
> Sprachlos und kalt, im Winde
> Klirren die Fahnen.
>
> (FRIEDRICH HÖLDERLIN, Hälfte des Lebens, 1802)

3 Die Literatur des 19. Jahrhunderts

Epochentypik der neuzeitlichen Literatur

Klassik und Romantik haben ungeachtet ihrer Unterschiede Literatur zu einem programmatisch definierbaren Unterfangen gemacht. Das heißt, dass die Positionen in der literarischen Kommunikation durch unterschiedliche ästhetische Vorstellungen verändert werden können. Für die Großepoche der neuzeitlichen Literatur ist daher gerade diese programmatische Offenheit der Literatur eines ihrer Merkmale.
Die Vorstellungen von Literatur um 1800 haben den Rang von Literatur grundlegend verändert. Der Dichter wird überhöht, das Kunstwerk zu einem in der Romantik bis zur Kunstreligion gesteigerten Werk der Erlösung.

Folgen der Literatur um 1800

1. Die Lyrik wird zum Inbegriff und vielfach zur höchsten Form der Poesie. Ihre Rückbindung an die Rhetorik wird aufgelöst. Formal ist auch das Prosagedicht möglich. Dagegen wird der Poesie aufgetragen, unmittelbarer Gefühlsausdruck sein zu sollen.
2. Im Drama werden nicht mehr Heroen, sondern der ganze Mensch auf die Bühne gestellt. Die Ständeklausel entfällt, die rhetorische Tradition der dramatischen Rede verliert sich. Die Konfliktlagen werden individualisiert.
3. Der Roman wird zunächst als Inbegriff und Integration aller Gattungen und Formen programmatisch aufgewertet und im 19. Jahrhundert dann zur Leitgattung der Poesie. Die im 18. Jahrhundert noch vielfach ungeschickten und begrenzten Erzählverfahren werden ausgeweitet und die Figuren genauer in ihren Handlungen motiviert.

Die Klassik betont die kanonisch vorbildliche Einheit von Werk und Autor, das erhaben-idealische Kunstwerk und den erhaben distanzierten Leser. Die Romantik dagegen sieht den Autor als Medium, weitet den Begriff der Kunst ins Unbegrenzte aus und sieht im Leser den anderen Autor, der die progressive Universalpoesie fortschreibt.

In der Summe sind damit die Möglichkeiten der Literatur so radikal ausgeweitet, dass alle weitere Literatur nur diese oder jene ästhetische Möglichkeit aufgreifen muss, um neue Literatur zu werden. In Anlehnung an HEGELs Diktum vom Ende der Kunst könnte daher eine Literaturgeschichte an dieser Stelle abbrechen und sagen, dass alle weitere Literatur nur die Ausfaltung der ästhetischen Ideen ist, die um 1800 bereits mindestens im Ansatz gefunden sind. Das ist in vielerlei Hinsicht nicht ganz falsch. Es wird aber dem Funktionswandel der Literatur nicht gerecht, der um 1815 einsetzt. Zwei Prozesse sind hervorzuheben:

Der Funktionswandel der Literatur

1. Die Verbürgerlichung der Literatur: Gemeint ist damit, dass Literatur wie Kunst überhaupt für immer weitere Schichten und soziale Gruppen zugänglich wird. Schon der einfache, aber folgenreiche Umstand, dass im 19. Jahrhundert die Hungersnöte in Deutschland aufhören, durch den Anbau von Kartoffeln in der Fläche die Ernährungslage so verbessert wird, dass die Kinder nicht mehr auf dem Feld und den Weiden ständig gebraucht werden und daher regelmäßiger Schulunterricht möglich wird, verändert das Leseverhalten. Immer mehr Menschen lesen immer mehr Literatur. Durch technische Verfahren wie die verbilligte Papierherstellung und die Verbesserung von Druckmaschinen können Bücher immer günstiger hergestellt werden. Auch dadurch steigt die Möglichkeit für immer breitere Schichten an der Literatur teilzuhaben, die bis 1800 nur wenigen zugänglich war. Bürgerliche Figuren und Themen, also solche, die viele ansprechen und nicht mehr nur für bestimmte Stände geschrieben sind, werden möglich. Immer mehr Menschen schreiben. Frauen gehören in wachsender Zahl zu den Autoren auch der hochkulturellen Literatur, vielfach aber gerade auch der populäreren Literaturgattungen.

Die Verbürgerlichung der Literatur

2. Die Ästhetisierung der modernen Welt: Literatur hört auf, ein exklusives Gut zu sein, das teuer und nur auf schwierig zu erreichenden Wegen zu erlangen ist. Dass man hungern muss, wie KARL PHILIPP MORITZ, sich kärglich wie JEAN PAUL oder HÖLDERLIN als Hofmeister durchschlagen musste, um seinen

Die Ästhetisierung der Welt

Kapitel 5   Die Literatur der Neuzeit

Traum, Schriftsteller zu werden, zu verwirklichen, wird selten. Literatur, das Schreiben und Lesen von Literatur, werden etwas Alltägliches und gewinnen an Prestige. Wer liest, kann sich sozial „hinauflesen". Nachschlagewerke wie der *Büchmann* erschließen die Literatur und erlauben es, Bildungszitate für jedermann zu gebrauchen. Literatur ist allgegenwärtig von der Schule bis zur Theateraufführung am Abend. Das Bildungsbürgertum ist eine der tonangebenden Klassen in der bürgerlichen Gesellschaft, die bei allen fortdauernden Standesunterschieden mit „Bürger" nicht mehr einen Stand meint, sondern den Teilhaber an der Gesellschaft. Um 1830 kommen Vorstellungen von der Masse als Konsument auch von Literatur auf. In Vereinen und Theaterbauten wird der Umgang mit Literatur und Kunst zu etwas, was den Alltag ebenso prägt wie den Städtebau.

Hoch- und Populärkultur

Weder die Ästhetisierung der modernen Lebenswelt noch die Verbürgerlichung der Kunst kennt die vorneuzeitliche Welt. Die schiere Masse des Geschriebenen und Gedruckten ist bereits in der zweiten Hälfte des 19. Jahrhunderts so groß, dass jede Literaturgeschichte wie eine Zufallauswahl erscheinen muss, wenn sie auch nur die wichtigsten Namen und Werken zu nennen versuchen würde. Anders als in der Literatur der Frühen Neuzeit entwickeln sich populäre Lesestoffe und hochkulturelle Literatur vielfach getrennt und mit unterschiedlicher Geschwindigkeit der Ausdifferenzierung ihrer Gattungen und Genre.

Realismus

Während Spätromantiker wie JOSEPH VON EICHENDORFF (1788–1857) noch schrieben und E.T.A. HOFFMANN (1776–1822) seine von phantastischen Gestalten durchwirkten Erzählungen und Romane veröffentlichte, begann die Literatur „realistischer" zu werden. Realistisch zu schreiben, hieß den Idealismus als Zitat noch zu gebrauchen, aber den enthusiastischen Glauben an die erhabene Kunst nicht mehr zu teilen, wie ihn SCHILLER noch geteilt hat. Die Romantik verlor geradezu dramatisch an Einfluss und Bedeutung und wurde erst am Ende des 19. Jahrhunderts wieder entdeckt. Zur realistischen Tendenz gehörte auch die Durchsetzung der erzählenden Literatur. SCHILLER war der Roman noch ein „Halbbruder" des Dramas. Im 19. Jahrhundert dagegen werden die erzählenden Gattungen dominant. Wenn es einen Fortschritt in der Literatur des 19. Jahrhunderts gab, dann lag er in einer Verbesserung der Erzähltechnik. Im 19. Jahrhundert lernen die Autorinnen und Autoren mit einer Souveränität zu erzählen, wie das in anderen europäischen

Literaturen schon vielfach der Fall ist. Dazu kommt ein Thema, das bis ins 18. Jahrhundert so nicht vorhanden war: die Politik. Öffentliche politische Entwicklungen werden thematisiert. Gattungen wie der Essay und die Polemik gewinnen an Bedeutung. Und da die Autoren wissen, nach der Kunstperiode zu schreiben, nutzen sie wie der Historismus der Baustile die unterschiedlichen Ausdrucksformen, die die Jahrhunderte vor ihnen entwickelt hatten, nebeneinander. In der Summe bildet daher die Literaturgeschichte nach 1815 durchaus eine eigenständige Teilepoche innerhalb der neuzeitlichen Literatur. Ihre Merkmale sind:

- Realismus als zentrale poetische Kategorie
- Durchsetzung des Romans und der Novelle als Leitgattung
- Politisierung der Literatur
- Schreiben nach der Kunstperiode
- Historismus der Themen und Stile
- Entstehung eines Massenmarktes für Literatur

Eine solche Figur des 19. Jahrhundert war HEINRICH HEINE (1797–1856). HEINE war ein politischer Schriftsteller, der die revolutionären Umbrüche in Deutschland und Frankreich mit seinem Werk begleitet hat, dessen Schriften wiederholt wegen der Zensur nicht in Deutschland erscheinen konnten. HEINE schrieb auch Reisebilder, um die politischen Verhältnisse in Deutschland, Frankreich und Italien anzugreifen. Er war nicht selten ungerecht in seiner Polemik etwa gegen den Dichter AUGUST VON PLATEN (1796–1835) oder gegen seinen Freund, den Journalisten und Theaterkritiker LUDWIG BÖRNE (1786–1837). HEINE war ein politischer Schriftsteller, wie ihn das 18. Jahrhundert nicht kannte. Er schrieb auch für den Gebrauch des Tages. KARL MARX (1818–1883) publizierte im Juli 1844 HEINES Gedicht *Die schlesischen Weber* in seiner Zeitschrift *Vorwärts!*. Flugblätter in Massenauflagen von mehr als 50.000 Stück wurden in den Aufstandsgebieten verteilt, als sich die dortigen Weber gegen die Industrialisierung und die damit einhergehende Verelendung zur Wehr setzten. „Im düstern Auge keine Thräne, / sie sitzen am Webstuhl und fletschen die Zähne; / Altdeutschland, wir weben dein Leichentuch. / Wir weben hinein den dreyfachen Fluch -- / Wir weben, wir weben!" so beginnt das *Weberlied*, wie es bald genannt werden sollte. Das geht weit über das hinaus, was etwa die Absolutismuskritik in den Balladen eines GOTTFRIED AUGUST BÜRGER (1747–1794) im 18. Jahrhundert zu sagen wagte.

HEINRICH HEINE

Kapitel 5 Die Literatur der Neuzeit

HEINE war mindestens ebenso so bekannt für seine Gedichte. Denn hier ruft er die romantische Welt noch einmal auf, aber nur als ein Zitat aus vergangener Zeit. Gelesen wurden diese Gedichte aber als romantische Liebeslyrik. So hat sie ROBERT SCHUMANN (1810–1856) vertont. In FONTANES Roman verführt Crampas Effi Briest mit HEINE-Gedichten. Aber HEINES Lyrik ist schon der Rückblick auf die Romantik:

> Ich weiß nicht was soll es bedeuten,
> Dass ich so traurig bin;
> Ein Märchen aus alten Zeiten,
> Das kommt mir nicht aus dem Sinn.
>
> Die Luft ist kühl und es dunkelt,
> Und ruhig fließt der Rhein;
> Der Gipfel des Berges funkelt
> Im Abendsonnenschein.
>
> Die schönste Jungfrau sitzet
> Dort oben wunderbar;
> Ihr goldnes Geschmeide blitzet,
> Sie kämmt ihr goldenes Haar.
>
> Sie kämmt es mit goldenem Kamme
> Und singt ein Lied dabei;
> Das hat eine wundersame,
> Gewaltige Melodei.
>
> Den Schiffer im kleinen Schiffe
> Ergreift es mit wildem Weh;
> Er schaut nicht die Felsenriffe,
> Er schaut nur hinauf in die Höh.
>
> Ich glaube, die Wellen verschlingen
> Am Ende Schiffer und Kahn;
> Und das hat mit ihrem Singen
> Die Lore-Ley getan.
>
> (HEINRICH HEINE, Lorelay, 1824)

GEORG BÜCHNER

Dramatischer noch als die Lebensgeschichte HEINES verlief die Lebensgeschichte des als „Staatsverräter" gesuchten Studenten der Medizin und Schriftstellers GEORG BÜCHNER (1813–1837). Seine

Flugschrift *Der hessische Landbote*, die er 1834 zusammen mit FRIEDRICH LUDWIG WEIDIG herausgegeben hatte, rief offen zur Revolution auf. In den wenigen Jahren seines Lebens hatte der junge BÜCHNER mit seinen Dramen *Dantons Tod* (1835), dem Fragment gebliebenen *Woyzeck*, seiner Komödie *Leonce und Lena* (1836) und seiner Erzählung *Lenz* (1835) ein verstörendes Werk hinterlassen, das den Nihilismus zum ersten Mal in der deutschen Literatur ohne jede romantische Verkleidung thematisiert. Auch in seinen Briefen, wie dem sogenannten Fatalismusbrief an die Braut vom 10. März 1834, fragt er danach, wie man um 1800 noch nicht gefragt hat: „Was ist das, was in uns lügt, mordet, stiehlt?" Das Vertrauen in den Menschen, wie es für die Literatur des 18. Jahrhunderts bestimmend war, fehlt hier ganz. Themen wie die radikale Selbstverfehlung des Dichters LENZ werden in der gleichnamigen Erzählung mit einem psychiatrischen Realismus portraitiert, der dem 18. Jahrhundert fremd war. Die Natur, die sonst als Trost in der Literatur vor BÜCHNER fungiert, verliert hier jeden trostvollen Aspekt:

> Gegen Abend kam er auf die Höhe des Gebirgs, auf das Schneefeld, von wo man wieder hinabstieg in die Ebene nach Westen. Er setzte sich oben nieder. Es war gegen Abend ruhiger geworden; das Gewölk lag fest und unbeweglich am Himmel; soweit der Blick reichte, nichts als Gipfel, von denen sich breite Flächen hinabzogen, und alles so still, grau, dämmernd. Es wurde ihm entsetzlich einsam; er war allein, ganz allein. Er wollte mit sich sprechen, aber er konnte nicht, er wagte kaum zu atmen; das Biegen seines Fußes tönte wie Donner unter ihm, er mußte sich niedersetzen. Es faßte ihn eine namenlose Angst in diesem Nichts: er war im Leeren! Er riß sich auf und flog den Abhang hinunter.
> Es war finster geworden, Himmel und Erde verschmolzen in eins. Es war, als ginge ihm was nach und als müsse ihn was Entsetzliches erreichen, etwas, das Menschen nicht ertragen können, als jage der Wahnsinn auf Rossen hinter ihm.
> (GEORG BÜCHNER, Lenz [Fragment], gedruckt 1839 im *Telegraph für Deutschland*)

Es ist üblich geworden, zwei Strömungen in der deutschen Literaturgeschichte bis zum Revolution 1848 zu unterscheiden, die des Jungen Deutschland bzw. des Vormärz und die des Biedermeiers. ‚Junge Deutschland' meint dabei eine konkrete Gruppe von Autoren in der Zeit des Vormärz, die 1835 durch Beschluss des Deutschen Bundestags ihrer politischen Äußerungen im Umfeld der

‚Junges Deutschland'

Kapitel 5 — Die Literatur der Neuzeit

Pariser Juli-Revolution 1830 wegen verboten wurde, darunter CHRISTIAN DIETRICH GRABBE, LUDWIG BÖRNE, HEINRICH LAUBE, AUGUST HEINRICH HOFFMANN VON FALLERSLEBEN, Autor der späteren deutschen Nationalhymne, FERDINAND FREILIGRATH, BETTINA VON ARNIM, GEORG WEERTH, LUISE ASTON, eine der ersten Schriftstellerinnen der Frauenemanzipation, GEORG HERWEGH und FANNY LEWALD. HEINES Werke wurden zusammen mit denen des Jungen Deutschland verboten. Die Autoren verband allerdings kein ästhetisches Programm, noch bildeten sie eine Gruppe. Nur die Aufmerksamkeit für die politische Entwicklung hin zur bürgerlichen Emanzipation teilten sie. Eben das war epochengeschichtlich gesehen neu. Dass viele von ihnen politische Lyrik schrieben, zeigt einmal mehr die Neuartigkeit der Literatur nach 1815 an.

Biedermeier

Dieser Gruppe stellt man in typisierender Absicht die Autoren des Biedermeiers entgegen und be- oder verurteilt diese dann auch als Autoren der Restauration. Aber ein Dichter wie EDUARD MÖRIKE (1804–1875) schrieb mit seinem Künstler-Roman *Maler Nolten* (1832) die Geschichte eines scheiternden Künstlers, dem die Kunst und die Liebe am Ende den Tod bringen und der seine Geliebte in geistiger Umnachtung verliert, oder in seiner Novelle *Mozarts Reise nach Prag* (1838, später erweitert) die Geschichte eines sich selbst verzehrenden Künstlers. Dichter sein zu dürfen gegen die Zwänge seines Berufs als Pfarrer, war hier so wenig ein romantisches Unterfangen wie in seinen Texten. Die romantischen Versprechungen der Kunst werden bei MÖRIKE aufgerufen, aber kaum mehr geglaubt.

Autoren des Biedermeier

Ein von seiner Biographie her so ganz anderer Autor wie der österreichische Erzähler und Romancier ADALBERT STIFTER (1805–1868) suchte nach dem „sanften Gesetz", das die Natur gleichermaßen wie das menschliche Handeln anleiten sollte und entwarf in seinen episch breiten Erzählungen und Romanen wie dem *Nachsommer* (1857) diese Suche nach dem Gesetz. Die Anstrengung und oft genug Verzweiflung ist seinen Büchern gerade dort anzumerken, wo kaum etwas geschieht und eine bedrohliche Leere sichtbar wird. 1868 sollte sich STIFTER selbst das Leben nehmen. Und wieder eine ganz andere Autorin: die aus dem westfälischen Adel stammende ANNETTE VON DROSTE-HÜLSHOFF (1797–1848), die lose Kontakte zu den Romantikern pflegte, im übrigen aber ganz für sich ihre Balladen, auch geistliche Lyrik schrieb. Sie beschreibt in ihrer Novelle *Die Judenbuche*, die 1842 im *Morgenblatt für die gebildeten Stände* erschien, mit einem ungewöhnlich sozial gesättigten

Realismus eine Kriminalgeschichte, die zugleich ein Sozialportrait und eine Erzählung über das Misslingen des Ausgleichs von Schuld und Sühne ist. Eine solche Erzählung, die mit solcher realistischen Härte soziale Zustände beschreibt, kannte die deutsche Literatur bis dahin noch nicht.

Schon an dieser Auswahl der genannten Autoren sieht man, warum diese Literatur in ihrem Realismus trotz unterschiedlicher ästhetischer Programme und politischer Ausrichtungen vieles teilt. Hinzufügen könnte man die erfolgreichen *Dorfgeschichten* des als Juden geborenen und als Burschenschafter eingesperrten Erfolgsautors BERTOLD AUERBACH (1812–1882). Die sich verlierende Dorfwelt der Frühen Neuzeit wird hier als unwiederbringlich vergangene noch einmal aufgerufen. Das nimmt vielfach romantische Motive auf – AUERBACH hatte bei dem romantischen Naturphilosophen SCHELLING studiert –, und führt diese in eine realistische Welt über. Mit den Mittel des Theaters hat der Wiener Volksschauspieler und Bühnenautor JOHANN NEPOMUK NESTROY (1801–1862) einen derben Realismus gegen die romantischen Sentimentalitäten seiner Zeit aufgeführt. Und ein Autor wie FRANZ GRILLPARZER (1791–1872), der den jungdeutschen Autoren als konservativ, wenn nicht reaktionär galt, weil er seinen Dramen wiederholt Stoffe aus der Gründungsgeschichte des Habsburger Reiches mythisch überhöht, stellt bei näherem Hinsehen Figuren auf die Bühne, die seltsam traurige Gestalten sind, die sich selbst nichts zutrauen und der Kunst jene vergesellschaftende Wirkung absprechen, die sie im 19. Jahrhundert vielfach gerade hatte. Seine Erzählung *Der arme Spielmann* aus dem Jahr 1847 ist das verzweifelte (Selbst-)Bild eines unfähigen romantischen Künstlers in unromantischer Zeit.

Dorfgeschichten und Theater

Während alle diese Autorinnen und Autoren der hochkulturellen Literatur zuzurechnen sind, gewinnt in den Zeitschriften, den Kulturvereinen und Männergesangsvereinen, den Lyrikanthologien wie auch in der konfessionell gebundenen Literatur für die evangelische Magd und den katholischen Knecht eine Literatur an Geltung, die vielfach abwertend in Literaturgeschichten beurteilt wird, sofern sie überhaupt Erwähnung findet. Das liegt an ihren meist harmonisierenden Handlungsverläufen, wo die glückliche Heirat den Schluss bildet, die richtige Konfession doch den Ausschlag gibt oder Gedichte für Poesiealben genutzt werden. Dabei wird übersehen, wie sehr gerade diese Literatur in die Breite gewirkt hat und zur Ästhetisierung breiter Bevölkerungskreise bei-

Massenliteratur

getragen hat, mehr als es der hochkulturellen Literatur möglich war. Dass praktisch in jeder auch kleineren Stadt Gedichte in Männergesangsvereinen eingeübt und auswendig gelernt wurden und vielfach selbst zur Feder gegriffen wurde, hat erst zur Verbürgerlichung der Literatur beigetragen, so dass es nicht verfehlt war, die „Massen" mit Flugblättern wie mit HEINES *Weberlied* zu versorgen.

Die Gartenlaube

Gerade die Zeitschriften wurden zur Existenzgrundlage der freien Schriftsteller. Denn ihre Auflagen und nicht der Buchdruck erlaubte den Autoren bis hin zu THEODOR FONTANE, Schriftstellerei als einen Beruf zu ergreifen. Das illustrierte Familienblatt *Die Gartenlaube* zählt unter die erfolgreichsten dieser Zeitschriften und war ein Vorläufer moderner Illustrierten mit Massenauflagen. Es erschien ab 1853 und erreichte im letzten Drittel des 19. Jahrhunderts unter dem Leipziger Verleger ERNST KEIL eine Auflagenhöhe von fast vierhunderttausend Exemplaren. Auflagen waren auch damals nicht Leserzahlen, da das Blatt für die gemeinsame Lektüre der Familie angelegt war und in Leihbibliotheken und Cafés auslag, so dass mehrere Millionen Leser erreicht wurden. Solche multiadressierten Medien mediatisieren fast notgedrungen die Literatur.

Poetischer Realismus

Die realistische Ästhetik des 19. Jahrhunderts wurde nach 1848 noch bestimmender und betonte die Verständlichkeit von Literatur programmatisch. Einer der Propagandisten der realistischen Ästhetik, der Musiker und Dramatiker OTTO LUDWIG (1813–1865), schrieb in seinen *Studien* 1860 über das, was er „poetischen Realismus" nennen sollte:

> Eine Welt, die in der Mitte steht zwischen der objektiven Wahrheit in den Dingen und dem Gesetze, das unser Geist hineinzulegen gedrungen ist, eine Welt, aus dem, was wir von der wirklichen Welt erkennen, durch das in uns wohnende Gesetz wiedergeboren. [...] Der Hauptunterschied des künstlerischen Realismus vom künstlerischen Idealismus ist, daß der Realist seiner wiedergeschaffenen Welt soviel von ihrer Breite und Mannigfaltigkeit läßt, als sich mit der geistigen Einheit vertragen will, [...] Dem Naturalisten ist es mehr um die Mannigfaltigkeit zu tun, dem Idealisten mehr um die Einheit. Diese beiden Richtungen sind einseitig, der künstlerische Realismus vereinigt sie in einer künstlerischen Mitte.
>
> (OTTO LUDWIG, Studien, 1860)

Diese Mitte der geschilderten Welt in ihrer Breite bestimmte den Realismus in der Literatur in der zweiten Hälfte des 19. Jahrhunderts. Wie sehr er um Ordnung der poetischen Welt bemüht ist, sieht man aus Details der Motive und Figuren. So bevorzugen realistische Erzählungen und Romane etwa die Figurenkonstellation, in der sich die Hauptfiguren schon als Kinder versprochen sind, nach Umwegen wieder zueinanderfinden und schließlich heiraten. Der Weg des Protagonisten hinaus in die Welt ist kein Initiationsereignis wie im älteren Bildungsroman, noch bricht die Liebe mit unerwarteter Macht über die Liebenden herein. Die Mehrzahl realistischer Texte folgen diesem Schema, auch wenn sich die gerade in Literaturgeschichten exponierten Texte diesem Schema verweigern und sich die Liebenden dauerhaft verfehlen. THEODOR STORMS (1817–1888) Novellen wie etwa *Immensee* (1851) bezeugen diese tragische Abweichung vom Schema. Die hochkulturellen Erzählungen wie die STORMS verschachteln zudem Rahmen- und Binnenerzählung so komplex, dass sie den Realismus ihrerseits in Frage stellen und in eine mythische Welt ausweiten wie im *Schimmelreiter* von 1888.

STORM war Liberaler und Republikaner und wie andere Realisten immer auch ein politischer Autor. Autoren wie GUSTAV FREYTAG (1812–1882) saßen als Abgeordnete im Parlament des Reichstags und gaben Zeitschriften wie den *Grenzboten* heraus, der im Untertitel die für das 19. Jahrhundert so charakteristische Zusammenstellung aufweist: *Eine deutsche Revue für Politik und Literatur*. Sein mehrbändiger Roman *Soll und Haben* (1855), der für seine Erzähltechnik noch von THOMAS MANN zur Vorlage genommen wurde, entwirft das Epos der bürgerlichen Welt. Doch die gezeigte Kaufmannswelt entspricht gar nicht der realen seiner Zeit, sondern ist poetisiertes Bild einer Vergangenheit und typisiert seine Figuren und Handlungen entsprechend. Das hat FREYTAG später u. a. die Kritik eingebracht, ein antisemitischer Autor zu sein, was er nicht war. Aber seine typisierende Figurenzeichnung wurde im entstehenden Antisemitismus des Kaiserreichs so verstanden.

THEODOR FONTANE (1819–1898) gilt mit seinen Romanen heute als prototypischer Vertreter des poetischen Realismus. Dass auch er Journalist war und seine Romane zunächst als Vorabdruck in Zeitungen erschienen, wird darüber oft vergessen. Das liegt vor allem an Romanen wie *Effi Briest* (1894/95), die als Ehe- und Gesellschaftsroman gelesen werden. Auch FONTANE erzeugt den Rea-

---

Erzählschema

GUSTAV FREYTAG

THEODOR FONTANE

Kapitel 5   Die Literatur der Neuzeit

lismus aber als poetischen Effekt schon durch wichtige Abweichungen von der Stoffvorlage. Else von Plotho, deren Geschichte Vorlage für seine Effi wurde, heiratete ihren Mann nicht mit 17, sondern erst mit 19. Ihr Mann war auch nur fünf und nicht zwanzig Jahre älter als sie. Zudem hatte sie ihr Verhältnis nicht nach einem, sondern nach zwölf Jahren Ehe, und ihr Mann erschoss den Liebhaber nicht sehr viel später, sondern als das Verhältnis noch andauerte. Nach der Scheidung zog sich die Frau, wie FONTANE auch wusste, keineswegs aus dem Leben zurück, sondern wurde berufstätig. Sie starb erst 1952. Realismus meint also kein Abbild der gesellschaftlichen Verhältnisse, sondern eine poetische Verklärung auch dieser Verhältnisse. Vor allem gelingt es FONTANE durch eine sparsame Zeichnung der Innensicht seiner Figur, diese psychologisch so genau motiviert erscheinen zu lassen, wie es erst die realistische Erzähltechnik erlaubt.

> So verging der Sommer, und die Sternschnuppennächte lagen schon zurück. Effi hatte während dieser Nächte bis über Mitternacht hinaus am Fenster gesessen und sich nicht müde sehen können. „Ich war immer eine schwache Christin; aber ob wir doch vielleicht von da oben stammen und, wenn es hier vorbei ist, in unsere himmlische Heimat zurückkehren, zu den Sternen oben oder noch drüber hinaus! Ich weiß es nicht, ich will es auch nicht wissen, ich habe nur die Sehnsucht."
> Arme Effi, du hattest zu den Himmelswundern zu lange hinaufgesehen und darüber nachgedacht, und das Ende war, daß die Nachtluft und die Nebel, die vom Teich her aufstiegen, sie wieder aufs Krankenbett warfen, und als Wiesike gerufen wurde und sie gesehen hatte, nahm er Briest beiseite und sagte: „Wird nichts mehr; machen Sie sich auf ein baldiges Ende gefaßt."
> (THEODOR FONTANE, Effi Briest, 1894/95)

GOTTFRIED KELLER

Ein anderer Meister dieser realistischen Erzählkunst ist GOTTFRIED KELLER (1819–1890). Auch er war Politiker und Künstler, schrieb im Vormärz politische Lyrik, um sich dann ganz dem Schreiben von Novellen-Zyklen zu widmen. Erfolgreicher als CONRAD FERDINAND MEYER (1825–1898) oder JEREMIAS GOTTHELF (1797–1854) verlassen KELLERS Novellen die Schematik, wie sie in den Novellensammlungen des „Dichterfürsten" und ersten deutschen Literaturnobelpreisträgers PAUL HEYSE (1830–1914) viel zu finden ist. Hier ist die Verschränkung der Novellen-Rahmung, der einzelnen Novellen und der Erzählerposition so unauffällig wie kunstvoll umgesetzt, dass Erzählungen wie *Romeo und Julia auf dem Dorfe* eine zugleich romantische und realistische Geschichte erzählen. Der Liebestod wird hier nur noch angedeutet und an die Gegenwart mit ihren modernen Zeitungen wieder angeschlossen:

> [...] Der Fluß zog bald durch hohe dunkle Wälder, die ihn überschatteten, bald durch offenes Land; bald an stillen Dörfern vorbei, bald an einzelnen Hütten; hier geriet er in eine Stille, daß er einem ruhigen See glich und das Schiff beinah stillhielt, dort strömte er um Felsen und ließ die schlafenden Ufer schnell hinter sich; und als die Morgenröte aufstieg, tauchte zugleich eine Stadt mit ihren Türmen aus dem silbergrauen Strome. Der untergehende Mond, rot wie Gold, legte eine glänzende Bahn den Strom hinauf und auf dieser kam das Schiff langsam überquer gefahren. Als es sich der Stadt näherte, glitten im Froste des Herbstmorgens zwei bleiche Gestalten, die sich fest umwanden, von der dunklen Masse herunter in die kalten Fluten.
> Das Schiff legte sich eine Weile nachher unbeschädigt an eine Brücke und blieb da stehen. Als man später unterhalb der Stadt die Leichen fand und ihre Herkunft ausgemittelt hatte, war in den Zeitungen zu lesen, zwei junge Leute, die Kinder zweier blutarmen zugrunde gegangenen Familien, welche in unversöhnlicher Feindschaft lebten, hätten im Wasser den Tod gesucht, nachdem sie einen ganzen Nachmittag herzlich miteinander getanzt und sich belustigt auf einer Kirchweih. Es sei dies Ereignis vermutlich in Verbindung zu bringen mit einem Heuschiff aus jener Gegend, welches ohne Schiffleute in der Stadt gelandet sei, und man nehme an, die jungen Leute haben das Schiff entwendet, um darauf ihre verzweifelte und gottverlassene Hochzeit zu halten, abermals ein Zeichen von der um sich greifenden Entsittlichung und Verwilderung der Leidenschaften.
> (GOTTFRIED KELLER, Romeo und Julia auf dem Dorfe, 1856)

Die Erweiterung der erzählerischen Möglichkeiten, wie sie auch WILHELM RAABE (1831–1910) und andere Autoren des Realismus konsequent zu nutzen verstehen, professionalisiert zugleich das Schreiben. Die Autoren vermögen unterschiedliche, populäre wie hochkulturelle Gattungen zu bedienen. Die Schreibtechniken werden zugänglich und ermöglichen es auch Frauen, Schriftstellerei als Profession zu betreiben. Autorinnen wie MARIE VON EBNER-ESCHENBACH (1830–1916) rücken zu öffentlich hoch gelobten Autorinnen auf. Ihre Erzählung *Lotti die Uhrmacherin* eröffnete ihr 1880 den

WILHELM RAABE, MARIE VON EBNER-ESCHENBACH, IDA VON HAHN-HAHN

Weg in die Verlage, die ihre Dorfgeschichten und Romane gerne druckten. 1887 erschien ihr Roman *Das Gemeindekind*, der die realistische Erzählkunst durch eine virtuose Dialogtechnik erweitert. Andere Autorinnen wie IDA HAHN-HAHN (1805–1880) fand den mit ihren zahlreichen Romanen nicht nur ein Massenpublikum, sondern auch die Anerkennung FONTANES oder KELLERS. Dass Autorinnen wie sie dagegen heute so wenig Beachtung finden, hängt an dem Umstand, dass sie für das katholische Milieu schrieb, konfessionell geprägte Literatur aber nicht mehr zum ästhetischen Bewertungsschema moderner Literatur und damit Literaturgeschichtsschreibung zu passen scheint.

TIPP

Literaturgeschichtsschreibung ist immer auch ein Kanonisierungsvorgang. Vieles wird aufgenommen, aber noch mehr wird ausgeschlossen. Was glauben Sie, ist aus dem Reichtum der Literaturgeschichte vergessen worden, was erinnert? Und was vermuten Sie, wird von unserer Literatur bald schon vergessen? Gibt es dafür Gründe? Welche sind das?

Populäre Genre

Die Literaturgeschichte des 19. Jahrhunderts ist auch eine des expandierten Literaturmarktes. Die Alphabetisierung der Bevölkerung, die verbilligte Druckherstellung, die Serialisierung des Schreibens, die Verbreitung durch Vorabdrucke, dann ebenso durch Kolportate- und Heftroman-Handel und schließlich auch die Aufhebung des Urheberrechts an den Klassikern der deutschen Literatur 1867, die die Gründung von Reclams „Automaten-Büchern" ermöglicht hatte, – all das hat das Buch zu einer Massenwaren gemacht. Populäre Genres wie die Liebesromane der EUGENIE MARLITT (1823–1887) oder die Heimatromane PETER ROSEGGERS (1843–1918) fanden massenhaft ihre Leser und nutzen das Spektrum literarischer Schreibweisen ihrer Zeit für sich. Neu kamen Genres wie der Abenteuerroman auf. FRIEDRICH GERSTÄCKERS (1816–1872) *Die Flußpiraten des Mississippi* von 1848 wurde zum Bestseller. Dabei sind ihre Stoffe keineswegs trivial. GERSTÄCKER, der selbst aus ärmlichen Verhältnisse stammte und sich durch die Literatur schließlich auch aus dem Zuchthaus „nach oben" schreiben konnte, erzählt in seinen *Flußpiraten* die Geschichte von ehrbaren Männer, die des nachts als Piraten auf Raub- und Mordzüge ausgehen und erst am Ende von ihren weit naiveren Gegner der gerechten Strafen ausgeliefert werden. KARL MAYS (1842–1912) Abenteuerserien sind für gut hundert Jahre in fast jedem deutschen Bücherschrank zu finden. Neuere Genre sind auch die Detektivromane, vor allem solche, die als Heftromane ein Massenpublikum erreichen und als „Schundliteratur" weit ins 20. Jahrhundert hinein bekämpft werden. Ihre Helden wie der Detektiv Harry Piel werden auch die ersten Leinwandhelden des Stummfilmkinos. Und die Kinder- und Jugendliteratur wird ebenfalls als Serienliteratur zu Massenerfolgen, wie EMMY VON RHODENS (1829–1885) *Trotzkopf*-Serie seit 1885, die ihre Tochter ELSE WILDHAGEN weiterführte, oder die 1913 erstmals erscheinende *Nesthäkchen*-Serie der 1943 in Auschwitz von den Nationalsozialisten ermordeten ELSE URY (1877–1943). Die Verbürgerlichung der Literatur und Ästhetisierung der Lebenswelt hatten die ganze Gesellschaft erreicht.

In der Summe ist die Literatur eng in den Grundvorgang der kulturellen Vergesellschaftung eingebunden:
- Verbürgerlichung der Literatur
- Ästhetisierung der Lebenswelt

4 Die Literatur des 20. Jahrhunderts

Die Professionalisierung der literarischen Kommunikation und die Ausweitung des literarischen Feldes hin zu einem Massenmarkt zwang die hochkulturelle Literatur schon im letzten Jahrzehnt des 19. Jahrhunderts dazu, den eigenen Status zu verteidigen. Der Stilpluralismus um 1900, als sich konkurrierende Programme wie Naturalismus, Dekadenz, Impressionismus und Expressionismus in immer rascherer Folge ablösten und Avantgarden sich abspalteten, war eine Reaktion auf die Positionierung im Feld erhöhter Konkurrenzen. Moderne, modernistische, also programmatisch moderne wie dann auch antimoderne Richtungen lagen dicht beieinander. In der Literaturgeschichtsschreibung teilt man die Bezeichnungen und Begriffe für die Gruppierungen, Strömungen und Moden der Literatur des 20. Jahrhundert unter verschiedenen, keineswegs einheitlich zugeordneten Schlagworten ein:

Literarische Konkurrenzen

- Naturalismus (1890–1900)
- Fin de siècle (1890–1914):
  Neoromantik, Symbolismus, Jugendstil, Dekadenz
- Futurismus, Expressionismus, Dadaismus (1905–1925)
- Neue Sachlichkeit (1918–1933)
- NS-Literatur, Innere Emigration und Exil (1933–1945)

Kapitel 5   Die Literatur der Neuzeit

> ▸ Nachkriegsliteratur (1945–1959)
> ▸ DDR-Literatur (1949–1989)
> ▸ 1968 und die Literatur
> ▸ „Tendenzwende" 1975

Literarische Konkurrenzen

Da die Bezeichnungen so unterschiedliche und sich überlappende Dinge wie eben Gruppierungen, ästhetische Programme, Strömungen usw. umschreiben, verlieren solche Bezeichnungen die begriffliche Trennschärfe, die für frühere Literaturepochen möglich war. Dazu kommen Außenseiter, die keiner Richtung zuzurechnen sind und in Abgeschiedenheit geschrieben haben wie etwa die Lyrikerin CHRISTINE LAVANT (1915–1973). Konfessionell geprägte Autoren wie REINHOLD SCHNEIDER (1903–1958) oder GERTRUD VON LE FORT (1876–1971) fallen aus den üblichen literaturgeschichtlichen Darstellungen heraus. Die Literaturgeschichte des 20. Jahrhunderts lässt sich daher nicht mehr wie frühere Epochen auf den Begriff bringen.

Der Naturalismus

Am 5. April 1889 wurde in Berlin nach französischem Vorbild die „Freie Bühne" gegründet, um im Rahmen eines Privatvereins jene Stücke aufführen zu können, die wie HENRIK IBSENs (1828–1906) *Gespenster* wegen ihrer radikalen Modernität durch die Zensur verboten waren, aufgeführt zu werden. Gründungsmitglieder waren Schriftsteller und Verleger wie OTTO BRAHM, MAXIMILIAN HARDEN, THEODOR WOLFF, JULIUS UND HEINRICH HART, PAUL SCHLENTHER, JULIUS ELIAS, JULIUS STETTENHEIM, PAUL JONAS und SAMUEL FISCHER. Gespielt wurde ein Theater, das wie die junge Wissenschaft von der Gesellschaft, die Soziologie, ein genaues Abbild der Gesellschaft sein sollte. Daher der abwertend gebrauchte Name „Naturalismus". 1891/92 propagierte der Dichter ARNO HOLZ (1863–1929) in seiner Schrift *Die Kunst. Ihr Wesen und ihre Gesetze* die ästhetische Vorgabe der exakten Reproduktion. „Welches nun sind diese Gesetze, und welches *sind* diese Dogmen? Beide von diesen Gruppen lassen sich mühelos auf je einen Kerngrundsatz zurückleiten, und es leuchtet also wohl ein, dass man nur diese beiden wiederzugeben braucht, um auch zugleich jene beiden damit anzudeuten. Das Gesetz, aus dem sich dann alle übrigen von Taine [dem französischen Soziologen] gefundenen entwickelt haben, lautet: ‚Jedes Kunstwerk resultirt aus seinem Milieu', das Dogma: ‚In der exacten Reproduction der Natur besteht das Wesen der Kunst *nicht.*' Das Gesetz war urneu, das Dogma uralt".

Das war eine Übertreibung und mehr Provokation denn ästhetische Theorie. Nicht nur HOLZ und andere Naturalisten verfolgten diese Maxime wiederholt nur in ironischen Brechungen. Aber ihre Gedichte und ihre Theaterstücke thematisierten nun die Trunksucht und die Armut, die Emanzipation der Frau und die Verlogenheiten der Oberschicht, alles das, was den heftigen Kritikern in der Zeit „Rinnsteinkunst" war und was in dieser krassen Darstellung bisher nicht als kunstfähig galt. Eine poetische „Verklärung" wie noch im Realismus fehlt hier bewusst. ARNO HOLZ schrieb erstmals Gedichte, die nicht mehr wie bisher angeordnet, sondern um eine Mittelachse zentriert waren:

ARNO HOLZ

Rote Dächer!

Aus den Schornsteinen, hier und da, Rauch,
oben, hoch, in sonniger Luft, ab und zu Tauben.
Es ist Nachmittag.
Aus Mohdrickers Gartern her gackert eine Henne,
die ganze Stadt riecht nach Kaffee.

Ich bin ein kleiner, achtjähriger Junge
und liege, das Kinn in beide Fäuste,
platt auf den Bauch
und kucke durch die Bodenluke.
Unter mir, steil, der Hof,
hinter mir, weggeworfen, ein Buch.
Franz Hoffmann. Die Sclavenjäger.

Wie still das ist!

Nur drüben in Knorrs Regenrinne
zwei Spatzen, die sich um einen Strohhalm zanken,
ein Mann, der sägt,
und dazwischen, deutlich von der Kirche her,
in kurzen Pausen, regelmäßig, hämmernd,
der Kupferschmied Thiel.

Wenn ich unten runtersehe,
sehe ich grade auf Mutters Blumenbrett:
ein Topf Goldlack, zwei Töpfe Levkoyen, eine Geranie
und mittendrin, zierlich in einem Zigarrenkistchen,
ein Hümpelchen Reseda.

Kapitel 5 Die Literatur der Neuzeit

> Wie das riecht? Bis zu mir rauf!
>
> Und die Farben!
> Jetzt! Wie der Wind drüber weht!
> Die wunder, wunderschönen Farben!
>
> Ich schließe die Augen. Ich sehe sie noch immer
>
> (ARNO HOLZ, Rote Dächer, in: Phantasus, 1898/1899)

Das war formal ein emphatischer Bruch mit der jahrhundertlangen Konvention der Versformen. Das Gedicht vermischt Alltagsbeobachtungen, die traditionell als nicht kunstfähig galten und erweitert provozierend Inhalt und Form der Literatur. Zugleich betont das Gedicht „Stimmungen", wie man dies nannte, flüchtige Beobachtungen, die für den Jugendstil und Impressionismus um 1900 typisch wurden. So lassen sich schon im programmatischen Naturalismus jene ästhetischen Ideale ausmachen, die dann von Strömungen herausgestellt werden sollten, die sich wenige Jahre später als Überwindung des Naturalismus darstellten.

GERHART HAUPTMANN

Im selben Jahr 1889 wurde GERHART HAUPTMANNS (1862–1946) „soziales Drama" Vor Sonnenaufgang in der „Freien Bühne" uraufgeführt. Das Stück stellt die Degeneration einer Bauernfamilie vor, die durch Kohlefunde reich und zugleich alkoholabhängig geworden ist. HAUPTMANN lässt in seinem Drama die Figur des Loths wörtlich aus GUSTAV BUNGES Schrift Die Alkoholfrage (1887) zitieren, um zu zeigen, wie Milieu und Veranlagung selbst zum Untergang führen, aus dem es keine Rettung gibt. Damit hat das Stück keinen eigentlichen moralischen Konflikt mehr, wie bis dahin in Dramen üblich. Solche Antihelden und psychiatrischen Triebkonflikte, die genaue Schilderung, sei es in den Nebentexten des Dramas oder im Sekundenstil in seinen Erzählungen, geben HAUPTMANNS Kunst eine schockierende Authentizität und erschließen der Literatur neue Ausdrucks- und Darstellungsbereiche. Diese Kunst war radikal und wollte das auch sein. Es gab eigentlich nichts mehr, was nicht hätte Vorlage für die Kunst werden können.

FRANK WEDEKIND

Man experimentiert und betonte gerade diesen Experimentcharakter von Kunst. Kunst war nicht mehr an Kunstfertigkeit zurückgebunden und schien gar nicht mehr unbedingt Kunst sein zu wollen, um Kunst zu sein. Sie konnte etwa auch einfach Kabarett sein, Lieder, die zur Gitarre gesungen wurden und nicht in den bürgerlichen Kunsttempeln zur Aufführung kamen. All das betrieb FRANK WEDEKIND (1864–1918) im Münchener Kabarett „Die elf Scharfrichter". Kunst provozierte, war betont antibürgerlich und fand gerade darin die Unterstützung des Bürgertums.

Schon 1891 ruft HERMANN BAHR (1863–1934) die Überwindung des Naturalismus durch eine „nervöse Romantik" aus. Neuromantische Kunstströmungen kamen also fast gleichzeitig mit dem Naturalismus auf. Die Autoren der hochkulturellen Literatur konkurrierten in einem dichten Feld der Literatur. STEFAN GEORGE (1869–1933) erhob seine Gedichte schon durch eine eigene Schrifttype zum exklusiven Gut für die wenigen Erwählten. Die Lesung der Gedichte glich einer Liturgie, zu der nur wenige zugelassen waren. In gewählten Bildern von Kunstlandschaften und Parks wird eine ästhetizistische Welt der Künstlichkeiten aufgerufen, die nichts als Kunst sein wollte. GEORGE versammelte einen Kreis von Jüngern um sich, die seiner esoterische Kunstreligion dienten und tatsächlich kulturpolitischen Einfluss bis weit ins 20. Jahrhundert hinein gewinnen sollten. Andere Autoren wie RAINER MARIA RILKE (1875–1926) kultivierten das Selbstbild als armer Poet und prophetischer Seher. Ihr Netzwerk aus Briefkorrespondenzen verbreiteten die Gedichte scheinbar jenseits des modernen Literaturmarktes. Die artistischen Gedichte des jungen HUGO VON HOFMANNSTHAL (1874–1929) schienen ganz einer nicht mehr bürgerlichen Kunstwelt anzugehören und ein Sprechen von einem nicht mehr angebbaren Punkt anzuvisieren, den HOFMANNSTHALS *Chandos*-Brief von 1902 so beschreibt: „als könnten wir in ein neues, ahnungsvolles Verhältnis zum ganzen Dasein treten, wenn wir anfingen, mit dem Herzen zu denken".

Jugendstil und Dekadenz

> **DEFINITION**
>
> ‚Moderne' bezeichnet als Epochenbegriff einerseits die gegenwartsoffene Makroepoche, die um 1750 beginnt und bis zur Gegenwart reicht, andererseits die Mikroepoche programmatischer Modernismen in Kunst und Literatur um 1900, wie sie in den Sammelbegriffen Wiener Moderne oder Berliner Moderne zum Ausdruck kommt. Diese programmatischen „Modernen" sind eng an die urbane Kultur der europäischen Großstädte rückgebunden und betonen die Schnelligkeit und Flüchtigkeit des modernen Lebens, Fortschritt und Fortschrittskritik, die Auflösung tradierter Formen auch in der Literatur, den Schock und die Notwendigkeit einer betont modernen Wahrnehmung und Ästhetik.

Kapitel 5 Die Literatur der Neuzeit

THOMAS MANN

Das alles war keine einheitliche Strömung. Viel mehr als der Gestus einer Überwindung des bürgerlichen 19. Jahrhunderts und die eigene Selbststilisierung verbanden diese Autoren nicht. Auch für die Brüder THOMAS und HEINRICH MANN (1875–1955 und 1871–1950) war der Weg zum Schriftsteller zuerst ein Schritt aus den Bahnen der bürgerlichen Existenz. Kein Zufall, dass der Verfall der bürgerlichen Welt von den *Buddenbrooks* (1901) bis zum *Tod in Venedig* (1913) ein bestimmendes Thema bei THOMAS MANN war. Wie andere Autoren auch suchte THOMAS MANN eine Verbindlichkeit für die Kunst jenseits des Ästhetizismus und der Neuromantik, für das, was er in seinem Roman *Der Zauberberg* (1924) das „Lebensfreundliche" nennt. Er selbst wurde zum repräsentativen deutschen Schriftsteller, dessen eigene Lebens- und Werkgeschichte exemplarisch für Deutschland als Nation sein sollte und so vielfach bis heute gelesen wird. Die antibürgerliche Attitüde wird zum repräsentativen Bürger überhöht.

Erzählexperimente

Während THOMAS MANN in seinen Erzählverfahren eher an die Literatur des 19. Jahrhunderts anschließt, haben andere Autoren die erst im 20. Jahrhundert fast ganz freigegebenen Lizenzen zum Experimentieren genutzt. ARTHUR SCHNITZLER (1875–1926) provozierte nicht nur mit der Darstellung der Sexualität in seinen Dramen, sondern nutzte Verfahren wie die Reihung von Szenen für seine Dramen oder den inneren Monolog zur erzählerischen Darstellung von Innensichten seiner Figuren. Seine Novelle von 1900 *Leutnant Gustl* ist konsequent in dieser in der ersten Person dargestellten Sicht auf die eigenen, oft fragmentarischen Gedanken erzählt, und das vom ersten Satz an. SCHNITZLER beginnt seine Novelle so:

> Wie lange wird denn das noch dauern? Ich muß auf die Uhr schauen ... schickt sich wahrscheinlich nicht in einem so ernsten Konzert. Aber wer sieht's denn? Wenn's einer sieht, so paßt er gerade so wenig auf, wie ich, und vor dem brauch' ich mich nicht zu genieren ... Erst viertel auf zehn? ... Mir kommt vor, ich sitz' schon drei Stunden in dem Konzert. Ich bin's halt nicht gewohnt ... Was ist es denn eigentlich? Ich muß das Programm anschauen ... Ja, richtig: Oratorium! Ich hab' gemeint: Messe. Solche Sachen gehören doch nur in die Kirche! Die Kirche hat auch das Gute, daß man jeden Augenblick fortgehen kann. – Wenn ich wenigstens einen Ecksitz hätt'! – Also Geduld, Geduld! Auch Oratorien nehmen ein End'!
>
> (ARTHUR SCHNITZLER, Leutnant Gustl, 1900)

4 Die Literatur des 20. Jahrhunderts

Noch weiter geht ALFRED DÖBLIN (1878–1957) in seiner schon dem Expressionismus zugerechneten Erzählung *Die Ermordung einer Butterblume*. DÖBLIN, der wie SCHNITZLER Arzt und Psychiater war, erzählt aus der Sicht eines psychotischen Menschen, der, nachdem er beim Spaziergehen eine Butterblume mit seinem Stock abgeschlagen hat, sich von allen Pflanzen verfolgt glaubt. Das Theater BERTOLT BRECHTs (1898–1956) wie seine Lyrik provozierten die Traditionen durch eine forcierte Antibürgerlichkeit der Sprache, Themen und Darstellungsweisen. Die sensationelle Uraufführung der *Dreigroschenoper* 1928 brachte BRECHT Weltruhm ein und belegt, dass die Moderne um 1928 längst von der Mehrheitsgesellschaft getragen wurde, so sehr die Autoren wie BRECHT die Attitüde des Außenseiters und Provokateurs auch kultivierten.

ALFRED DÖBLIN und BERTOLT BRECHT

Ähnlich schockhaft waren auch die Gedichte GOTTFRIED BENNS (1886–1956) kalkuliert. Mit scheinbarer Ungerührtheit wird hier gegen jede Tradition lyrischen Sprechens der Tod thematisiert.

GOTTFRIED BENN

Kleine Aster

Ein ersoffener Bierfahrer wurde auf den Tisch gestemmt.
Irgendeiner hatte ihm eine dunkelhellila Aster
zwischen die Zähne geklemmt.
Als ich von der Brust aus
unter der Haut
mit einem langen Messer
Zunge und Gaumen herausschnitt,
muß ich sie angestoßen haben, denn sie glitt
in das nebenliegende Gehirn.
Ich packte sie ihm in die Brusthöhle
zwischen die Holzwolle,
als man zunähte.
Trinke dich satt in deiner Vase!
Ruhe sanft,
kleine Aster!
(GOTTFRIED BENN, Kleine Aster, 1912)

Doch hieße es die Literaturgeschichte zu verzerren, nur auf die betont modernen und innovativen Werke zu schauen. Autoren wie HERMANN HESSE (1877–1962) haben mit weit konventionelleren Erzähltechniken die neuen Themen der Literatur des 20. Jahrhunderts aufgegriffen. Dass Schüler in HESSES *Unterm Rad* von 1906

Die Kulturverlage und ihre Autoren

Kapitel 5 Die Literatur der Neuzeit

oder in ROBERT MUSILS (1880–1942) *Die Verwirrungen des Zögling Törleß* (ebenfalls aus dem Jahr 1906) Protagonisten von Erzählungen und Romanen werden konnten, gehört zu den Neuerungen in der Literatur nach 1900. Kulturverleger wie EUGEN DIEDERICHS oder SAMUEL FISCHER, ANTON KIPPENBERG oder KURT WOLF verschrieben ihr Verlagsprogramm gerade diesen Autoren, die manchmal fast alles anders machen wollten, als es die literarische Tradition vorgab. WOLF förderte Autoren wie den drogenkranken GEORG TRAKL (1887–1914) oder den ganz der Literatur verschriebenen FRANZ KAFKA (1883–1924), der so verstörende Erzählungen vollenden und immer wieder Romane anfangen, aber nicht recht zu Ende bringen konnte. Seine scheinbar realistisch konzipierten Erzählungen, die dazu verleitet haben, zu glauben, KAFKAS Vater sei so tyrannisch, wie er in den Texten des Sohnes vorkommt (was er nicht war), sind zugleich von einer chiffrenhaften Verrätselung. Damit ist gemeint, dass Autoren wie KAFKA eine Art Privatsprache entwickeln, in denen jedes Detail ihrer Texte symbolisch aufgeladen wird, aber diese Symbole nicht eigentlich entschlüsselt werden können und auch nicht sollen. Verrätselung ist einer der Wege der modernen Literatur, auch eher in diesem Sinn ohne Vorbild in der literarischen Tradition. Literatur fordert hier radikal ihre Leser heraus, sucht nicht Verständlichkeit, sondern Schock und Irritation, ohne damit tatsächlich aus dem bildungsbürgerlich bestimmten Literaturbetrieb heraus zu fallen.

> **TIPP**
>
> *Gibt es heute noch Provokationen, die die Literatur auslöst? Wo finden Sie solche Irritationen durch die Kunst noch?*

Radikale Avantgarden

Die Bewegungen wie der Expressionismus und dann nach dem Ersten Weltkrieg der Dadaismus inszenieren den Bruch mit der Tradition. Ein Lautgedicht wie HUGO BALLS (1886–1927) *Karawane*, 1916 zum ersten Mal in einem Kabarett aufgeführt, hat keine semantische Aussage mehr, sondern besteht nur aus Lauten. Und das Druckbild des Gedichts ist aus unterschiedlichen Drucktypen, Schriften und Sprachen zusammengesetzt, so dass es nicht eigentlich zu lesen ist. Das romantische Lob der Unverständlichkeit ist hier bei den radikalen Avantgarden wie den Dadaisten auf die Spitze getrieben. In den Dramen wird die Abstraktion soweit getrieben, dass nicht mehr Sprache gebraucht und sogar nicht mehr Schauspieler auftreten müssen, sondern bewegte abstrakte Formen wie in Theaterprojekten des Bauhaus-Künstlers LOTHAR SCHREYER (1886–1966).

Die großen Romane der klassischen Moderne wie MUSILS unvollendeter *Mann ohne Eigenschaften* (1931/32), der nicht mehr über eine eigentliche Handlung verfügt, sondern sich in Reflexionen der Reflexionen verliert oder DÖBLINS monumentale Romane wie *Berlin Alexanderplatz* (1929), der durch Montagetechnik Wirklichkeitsfragmente erkennbar aneinandersetzt, um so die Stadt selbst erzählen zu lassen; sie alle sind die Ausnahmen innerhalb einer in der Masse sehr viel konventionelleren Literatur. Sie haben ungeachtet ihrer Radikalität durchaus viele Leser gefunden und in einer in der Literaturgeschichte noch nie dagewesenen Weise die Möglichkeiten der Literatur erweitert. Zwischen den Weltkriegen ist damit fast jeder künstlerische Richtung möglich und kaum noch eine Provokation in der Kunst in der Lage zu schockieren. Der Film tritt als künstlerisches Medium hinzu. Zunächst nur eine Jahrmarktunterhaltung gewinnt er die Aufmerksamkeit der hochkulturellen Autoren.

Radikale Klassische Moderne

1933 ist mit der Machtergreifung der Nationalsozialisten und der Bücherverbrennung am 10. Mai 1933 dieses schier ungeheure Feuerwerk literarischer Innovation zu Ende. Nur in der Schweiz kann nach 1938 in den deutschsprachigen Ländern noch frei geschrieben werden. Die einen Autoren schwenken auf die neuen Machthaber ein, andere gehen in die so genannte Innere Emigration, wieder andere fliehen ins Exil. Die deutsche Literatur verliert vielfach ihre Leser.

1933

Nach 1945 nehmen die Autoren die literarischen Möglichkeiten vor 1933 wieder auf, ohne dass die literarische Welt vor 1933 wieder erstehen würde. WOLFGANG BORCHARTS (1921–1947) Heimkehrerstück *Draußen vor der Tür* folgt den expressionistischen Vorbildern. Gedichte wie GÜNTHER EICHS (1907–1972) *Inventur*, das mit sparsamen Worten die persönlichen Habseligkeiten eines Kriegsgefangenen aufzählt, suchen einen Neuanfang. Der Neuanfang war ein relativer. Es war einerseits ein Neuanfang, weil durch die alliierte Zensur die nationalsozialistische Kunstpolitik radikal abgeschnitten wurde. Der Anfang war andererseits ein relativer, denn man griff auf den Reichtum auch der Literatur vor 1933 zurück. Über amerikanischen Autoren wie etwa THORNTON WILDER wurde das moderne Theater der Weimarer Republik reimportiert. Es entstanden in kurzer Folge Zeitschriften, experimentelle Theaterstücke und kühne Avantgardismen. Man war dabei skeptisch gegenüber allen Ideologien, besprach im Gedicht wie auf dem Theater die Fragen von Schuld und Sühne angesichts der Ermordung der europäischen Juden und war offen für einen Neuanfang. Diver-

Trümmerliteratur

Kapitel 5 Die Literatur der Neuzeit

gierende ästhetische Leitvorstellungen vom Traditionalismus bis zum Absurdismus konkurrierten miteinander.

Kahlschlagliteratur

HEINRICH BÖLL (1917–1985) hat für diesen Neuanfang den Begriff des ‚Kahlschlags' geprägt:

> Die Schönheit ist ein gutes Ding. Aber Schönheit ohne Wahrheit ist böse. Wahrheit ohne Schönheit ist besser [...] die Kahlschläger fangen in Sprache, Substanz und Konzeption, von vorn an [...] ganz von vorn, bei der Addition der Teile und Teilchen der Handlung, beim A-B-C der Sätze und Wörter.
> (HEINRICH BÖLL, Nachwort zur Prosa-Anthologie Tausend Gramm, 1949)

In einer literaturgeschichtlichen Perspektive kann aber von einem solchen „Kahlschlag" kaum die Rede sein. Man knüpfte an etablierte Erzähl- und Dramenmuster an, aber sog auch die internationale Literatur geradezu in sich ein. Regisseure wie JÜRGEN FEHLING, GUSTAF GRÜNDGENS, FRITZ KORTNER, ERWIN PISCATOR oder GUSTAV RUDOLF SELLNER stellten ein international weithin sichtbares Theater auf die Bühne. Mit Zeitschriften und Verlagen begannen neue Institutionen des Literaturbetriebs zu entstehen. Der Wiederaufbau des literarischen Lebens und seiner Institutionen kam rasch voran.

Die „Gruppe 47"

Am 10. September 1947 luden HANS WERNER RICHTER (1908–1993) und ALFRED ANDERSCH (1914–1980) Schriftsteller und Kritiker ein, um sich gegenseitig aus ihren Manuskripten vorzulesen und sich der gegenseitigen Kritik zu stellen. Aus den Treffen entstand die „Gruppe 47", die bald schon den Literaturbetrieb der Bundesrepublik bestimmen sollte. Beherrschend war lange das Thema des Verhältnisses von Literatur und Moral, der Krieg, die Zerstörung Deutschlands und auch die Konzentrationslager, während der Holocaust nur am Rande vorkam.

HEINRICH BÖLL

HEINRICH BÖLL wurde zur moralischen Integrationsfigur und zum kritischen Intellektuellen der Bundesrepublik, durch den Nobelpreis schließlich zum Repräsentanten der deutschen Literatur. Sein Werk wurde in viele Weltsprachen übersetzt. Daneben gab es eine Pluralität der Stile und Konzepte, die selbst in der diktatorischen Literaturpolitik der DDR nicht ganz unterdrückt werden konnten. Die Verpflichtung der Literatur auf den sozialistischen Aufbau und die Forderung im „Bitterfelder Weg" von 1959, eine sozialistische

Nationalkultur von allen Werktätigen zu schaffen, war nie allein bestimmend. Zum einen schrieben viele Autoren zwischen den Zeilen, ließen sich mal mehr, mal weniger vom Staat funktionalisieren. Eine ganz andere, eigenständige DDR-Literatur entstand aber nicht. Vielmehr teilen die Autoren in Ost wie in Welt die Rückbindung an die ästhetische Pluralität der Moderne. Peter Hacks (1928–2003) oder Heiner Müller (1929–1995) mit Stücken wie *Die Umsiedlerin* von 1961 belegen diese Einheit der deutschen Literatur im Kontext der europäischen und amerikanischen Literatur. Mit der Zwangsausbürgerung des Liedermachers Wolf Biermanns (1936) im Jahr 1976 wurde dann der Konflikt mit dem Regime öffentlich. Die scheinbar geschlossene Welt der DDR-Literatur hatte sich sichtbar aufgelöst.

1959 hatte der Roman *Die Blechtrommel* von Günther Grass (1927) eine enorme Wirkung auf die Nachkriegsliteratur in Westdeutschland. Denn seine pietätlose Darstellung der Verstrickung der Deutschen in den Nationalsozialismus, die derb-komische Darstellung in der Form eines ‚niederen' Picaro-Romans wischte die bis dahin gängigen Darstellungen weg und öffnete die literarische Szene für andere Schreibverfahren. Zwar war schon 1952 Paul Celan (1920–1970) in dem Gedichtband *Mohn und Gedächtnis* das damals vielbeachtete Gedicht *Todesfuge* erschienen, das in der Tradition der hohen Lyrik der Moderne das Thema der Vernichtung der Juden aufgriff. Aber seine Lyrik hatte keine vergleichbare Wirkung wie die Veröffentlichung des Romans *Die Blechtrommel*.

Günther Grass

Noch entschiedener lösten Aufführungen wie die *Publikumsbeschimpfungen* Peter Handkes (1942) 1966 unter der Regie Claus Peymanns die deutsche Literatur aus ihren Einengungen seit 1945. Handkes Theater lehnt die gängigen Formen des Theaters, auch das Bertolt Brechts, ab und verzichtet auf Handlungen und dramatische Figuren. „Wir sprechen nur", sagen die Figuren, und reden dabei zum Publikum, nicht unter sich innerhalb einer dramatischen Handlung. Die deutsche Literatur nimmt in diesen Jahren nicht nur die Beatmusik und ihre Literatur auf, sondern gewinnt eine Internationalität wieder, die sie lange nicht mehr besessen hatte. Die neuen Autoren wie der Generation Handkes stehen für diese Öffnung, in der Autoren, Richtungen und ästhetische Programme fast ungehindert zirkulieren. Der Einfluss der anderen Literaturen, vor allem der angloamerikanischen, öffnet der Entwicklung der deutschen Literatur neue Wege.

Internationalisierung

Kapitel 5 Die Literatur der Neuzeit

FRAGEN
1. Anhand welcher Merkmale lassen sich die Teilepochen der Literatur der Neuzeit unterscheiden?
2. Welches Anliegen verfolgt die Literatur des 18. Jahrhunderts?
3. Wie lassen sich Klassik und Romantik unterscheiden?
4. Welche Funktionen hat die Literatur des 19. Jahrhunderts?
5. Welche Hauptströmungen lassen sich in der Literatur des 20. Jahrhunderts unterscheiden?

5 Literatur im Zeitalter der Medien

Medienkonkurrenzen

Der Literatur steht heute ein fast unbegrenztes Inventar an Ausdrucksmöglichkeiten zur Verfügung. Die Zahl der Bücher nimmt jedes Jahr zu. Der Literaturbetrieb differenziert sich weiter aus. Und doch sind es wenige Spitzentitel, die den Umsatz ausmachen. Autoren werden wie Stars behandelt und vermarktet und orientieren sich verstärkt an der englischsprachigen Literatur. Auch wenn der Nobelpreis für Literatur noch der öffentlichen Aufmerksamkeit sicher sein kann, das Leseverhalten bestimmt er weit weniger als Fernsehsendungen über Bücher. Überhaupt sind das Fernsehen und im wachsenden Maß der Computer Konkurrenten um die Lesezeit. Dabei ist die Verteilung von Lese- und Fernsehzeit statistisch längst zugunsten des Fernsehens entschieden. Dass Schriftsteller noch öffentliche Intellektuelle wie HEINRICH BÖLL wären, trifft kaum noch zu. Die Literatur hat aufgehört, den intellektuellen und den kulturellen Ton anzugeben, den sie lange angegeben hat. In den Web-Communities bilden sich andere Öffentlichkeiten heraus. Laienrezensenten treten neben die etablierten Feuilletons. Die literarische Öffentlichkeit wandelt sich. Die Autoren nehmen Schreibverfahren auf, die durch den Film bestimmt sind.

Funktionswandel der Literatur

Anders gesagt scheinen die Literatur und das Buch selbst historisch zu werden und damit auch ihre Autoren und ihre Leser. So wie Literatur spätestens im 19. Jahrhundert zu unserer Lebenswelt fast selbstverständlich dazu gehört, wird sie es wohl nicht mehr sein. Das heißt nicht, dass das Schreiben von Büchern und das Lesen verschwinden würden. Eher im Gegenteil nimmt beides noch zu. Aber der Status und die Funktion von Literatur scheinen sich grundlegend zu verändern. Die kulturelle Vergesellschaftung, die so lange auch in den deutschsprachigen Ländern über die Literatur lief, braucht die Literatur nicht mehr als zentrale Instanz, ja die Gesellschaft selbst ist nicht mehr eine bürgerliche Gesellschaft, deren Selbstverständigung so lange über die Literatur verhandelt wurde. Am Ende dieser Literaturgeschichte stehen daher ein Rückblick und zugleich der Ausblick. Ein Rückblick ist diese Literaturgeschichte selbst. Und ein Ausblick auf eine offene Zukunft der Literatur, die ganz anders sein wird, als die uns vertraute, ist eine solche Literaturgeschichte auch. Denn sie ermöglicht es uns, nicht nur in der Gegenwart eingeschlossen zu leben, sondern bei unseren Entscheidung, wie es mit der Literatur weiter geht, den Reichtum ihrer Geschichte immer mit zu sehen.

HANS MAGNUS ENZENSBERGER (1929) hat diesen Übergang nicht ohne Melancholie beschrieben:

Rückblick auf die Literatur

> Die Krise der Literatur ist nicht neu. [...] Und doch bleibt es wahr, daß mit unserer Institution irgend etwas passiert ist [...] Sie hat an Gewicht verloren. Sie büßt immer mehr Terrain ein. Mit ihrer Wichtigkeit ist es nicht mehr so weit her wie einst. [...] Die Literatur ist frei, aber sie kann die Verfassung des Ganzen weder legitimieren noch in Frage stellen; sie darf alles, aber es kommt nicht mehr auf sie an.
> (HANS MAGNUS ENZENSBERGER, Mittelmaß und Wahn. Essays, 1988)

6 Zusammenfassung

Man sieht unschwer, dass es kaum noch möglich ist, die Literatur der Neuzeit auf den einen Begriff zu bringen. Konkurrierende Richtungen und Strömungen bestimmen sie. Sie alle setzten gleichwohl voraus, dass es eine frei zu definierende Rolle für die Autoren gibt, dass Texte ganz unterschiedlichen ästhetischen Vorstellungen folgen können und der Umgang mit Literatur fast so vielfältig sein kann, wie es die Leser der Literatur sind. Vieles davon ist um 1800 im Grundsatz schon erreicht und ausformuliert, wenn auch nicht unbedingt die Praxis der Literatur.

Im langen Rückblick über die deutsche Literaturgeschichte seit dem achten Jahrhundert ist dieser Abschnitt freilich nur ein zeitlich sehr kurzer. Die längste Zeit war und funktionierte Literatur anders als in der Neuzeit. Die ungeheure Beschleunigung der Entwicklung seit dem 18. Jahrhundert gehört selbst zur Modernität der neuzeitlichen Literatur hinzu und bestimmt sie noch heute. Dass Literatur, wie sie

Kapitel 5   Die Literatur der Neuzeit

über die Jahrhunderte sich entwickelt hat, selbst nun in der einen oder anderen Weise historisch werden könnte, ist ein ganz neuer Moment in der deutschen und nicht nur in der deutschen Literaturgeschichte – vielleicht der Anfang einer neuer Epoche.

Begriffe und Bezeichnungen	ungefähre Daten
Aufklärung	1680–1810
Frühaufklärung	1680–1750
Empfindsamkeit	1745–1780
Sturm und Drang	1770–1785
Klassik	1786–1832
Romantik	1798–1830
Frühromantik	1795–1801
Hochromantik/Heidelberger Romantik	1804–1809
Spätromantik	1815–1848
Biedermeier	1830–1848
Junges Deutschland/Vormärz	1815–1848
Poetischer Realismus/Bürgerlicher Realismus	1848–1900
Naturalismus	1890–1900
Dekadenz/Fin de Siècle/Jahrhundertwende	1890–1914
Wiener Moderne/Junges Wien	1890–1910
Expressionismus	1905–1925
Dadaismus	1916–1922
Neue Sachlichkeit	1918–1933
NS-Literatur, Exilliteratur und Innere Emigration	1933–1945
Nachkriegsliteratur/Trümmerliteratur/Kahlschlag-Literatur	1945–1959

Hinweise zur Prüfungsvorbereitung   6

1 Allgemeine Hinweise

Selten kommt eine Prüfung allein. Daher ist es hilfreich, sich schon zu Beginn des Semesters einen Plan der anstehenden Prüfungstermine zu erstellen und von dort zurück zu rechnen. Drei Monate Vorbereitungszeit ist für viele Prüfungen ein angemessener Zeitlauf.
Rechtzeitig anfangen

Es genügt nur selten, die Dinge nur einmal gelesen und dann behalten zu haben. Richtig memoriert wird nur das, was wiederholt wird. Dabei kommt es weniger auf die große Menge an als vielmehr auf die Regelmäßigkeit über einen längeren Zeitraum. Es ist damit wie mit Klavierspielen, das man nicht an einem Tag lernen kann, sondern die geduldige Auseinandersetzung braucht.
Regelmäßig üben

Nur wer sich Notizen über und aus dem Gelesenen erstellt, also mitschreibt, seine Beobachtungen und Gedanken zu einer These aufschreibt, schlagende Zitate herausschreibt und sich Merksätze überlegt, wird den Stoff wirklich gelernt haben.
Exzerpieren

Die meisten lernen besser in Gruppen als alleine. Das kann und soll das Selbststudium nicht ersetzen, sondern ihm einen Rahmen geben. Zum einen setzt es Termine, bis wann ein Stoff vorbereitet werden soll, um ihn mit den Kommilitonen durchzusprechen. Zum zweiten sieht man in der Diskussion des Prüfungsstoffes auch, was einem als prüfungsrelevant selbst nicht aufgefallen ist, was besonders wichtig für die Prüfung ist, wo man noch Kluges zu diesem Thema findet usw. Drittens hilft es psychologisch, weil Sie sehen werden, dass auch die anderen sich hinsetzen und den Stoff lernen müssen und ebenso nur „mit Wasser kochen".
Lernen in Gruppen

2 Was wird gefragt?

Grammatische Formen etwa des Mittelhochdeutschen bestimmen oder sagen können, wann GOETHES *Werther* zum ersten Mal erschienen ist, das sind Wissensfragen. Fast jede Prüfung in der germanistischen Sprach- und Literaturwissenschaft fragt solches Wissen ab. Meist wird dieses Wissen nicht mehr wie in der Schule direkt abgefragt, sondern erwartet, dass dies implizit in die Beantwortung der Fragen einfließt.
Wissensfragen

Kapitel 6 Hinweise zur Prüfungsvorbereitung

Wenn Sie etwa mittelhochdeutsche Versromane oder die empfindsame Briefkultur des 18. Jahrhunderts erläutern sollen, dann gehört zu einer guten Antwort auch, dass Sie die typischen Beispiele wie auch die schwierig zuzuordnenden Beispiele benennen können. Wenn nach typischen Werken des Sturm und Drangs gefragt wird, sollte eine gute Antwort auch hier einige signifikante Daten wie etwa das Ersterscheinungsjahr des *Werthers* enthalten. Ein Zitat oder eine Definition, das man auswendig gelernt hat, weil es oder sie verdichtet das Typische zu einer Epoche aussagt, kürzt auch die eigene Antwort ab und bringt sie auf den Punkt.

Analysefragen

Wichtiger noch als Wissensfragen sind solche, bei denen von Ihnen erwartet wird, ein gegebenes Problem analysieren zu können. Erwartet wird etwa, dass Sie Epochenbegriffe wie den der Klassik aufschlüsseln können, oder eine Gattung wie die Ode bestimmen, einen inneren Monolog in einem gegebenen Textausschnitt erkennen und von anderen Formen der Rede wie etwa der erlebten Rede präzise zu unterscheiden vermögen.

Hier kommt es darauf an, die im Fach Germanistik geläufigen Fachbegriffe zu kennen und anwenden zu können. Das kann man sehr gut selbst üben, in dem man Antworten laut durchspricht oder aufschreibt, lyrische Formen aus einer Gedichtsammlung beschreibt oder Erzähltexte einmal auf ihre Redeformen hin untersucht u. ä.

Kontextualisierungsfragen

Fragen in einer Geisteswissenschaft wie der Germanistik verlangen oft nicht nur *die eine* Antwort, sondern erwarten Antworten, die Beobachtungen und Analyseergebnisse einordnen können, etwa in Epochenkontexte, in Entwicklungen von Gattungen oder in eine Bestimmung des Verhältnisses von Syntax und Semantik, um nur ein paar Beispiele zu nennen. Hier ist Problembewusstsein und Überblickswissen verlangt. Es genügt nicht nur Inselwissen. Vielmehr sollte man auch etwas ‚daneben' wissen. Bei der Vorbereitung kommt es darauf an, sich mögliche Fragen nach dem Kontext des Lernfeldes selbst zu überlegen, sie mit Kommilitonen zu diskutieren, zu notieren und zu beantworten versuchen. Nichts ist ernüchternder in einer Prüfung als ein Prüfling, der zwar alles zu dem engen Prüfungsfeld weiß, aber bei der ersten Frage nach den Rändern nichts zu sagen vermag.

3 Wie wird gefragt?

In schriftlichen Prüfungen wird meist von einem Textbeispiel ausgegangen, sei es als Vorlage für eine Satzanalyse, sei es als Übersetzungsvorlage oder sei es zur Textanalyse. Textbeispiele sind daher erst einmal gründlich, auch mehrfach zu lesen, Auffälligkeiten anzustreichen und dann erste Notizen auf einem Konzeptblatt zu machen: Das ist es, was die Antworten sicherer vorbereitet. Achten Sie auf die Lesbarkeit Ihrer Handschrift. Gerade in der Germanistik fallen oft viele Klausuren an. Sie erleichtern damit die Mühen der Korrektur der vielen Klausuren.

Schriftliche Prüfungen

Sprechen Sie mit Ihrem Prüfer gründlich Ihre Prüfungsthemen durch, vor allem die von Ihnen zur Prüfungsvorbereitung heranzuziehende Literatur. Es muss zwischen Ihnen eine gemeinsame Vorstellung davon geben, was das Problemfeld ist, das in der mündlichen Prüfung verhandelt wird. Mündliche Prüfungen in einer Universität sind nicht nur Wissensprüfungen, sondern vor allem der Austausch von Argumenten zu einem Forschungsfeld. In der mündlichen Prüfung müssen Sie sprechen. Sie sollten selbstständig Argumente entfalten. Nehmen Sie daher die Fragen des Prüfers als Ausgangspunkt, um einen Gedankengang möglichst auch in Auseinandersetzung mit der Forschungsliteratur zu entwickeln.

Mündliche Prüfungen

4 Prüfungsthema Literaturgeschichte

In schriftlichen Prüfungen wird erwartet, dass Sie sowohl eine klare Vorstellung von den Hauptepochen der Literaturgeschichte haben, wie Sie umgekehrt problematisieren können müssen, durch welche Merkmale eine Epoche bestimmt ist. Großepochen-Begriffe wie etwa ‚Mittelalter' umreißen mit einer anderen Abstraktion Merkmalsbündel, als es etwa Begriffe wie Barockliteratur tun. Sie sollten daher an Beispielen erläutern können, warum ein bestimmtes Werk einer Epoche zuzurechnen ist, aber ebenso auch argumentieren können, warum etwa der Begriff des Sturm und Drangs eher eine Bewegung und nicht eine Epoche beschreibt. Die Abfolge und wichtigsten Merkmale der Epoche sind daher zu lernen. Ebenso lohnt es sich einzuprägen, was die Ordnung der Epochen in Frage stellt.

Schriftliche Prüfungen

Kapitel 6   Hinweise zur Prüfungsvorbereitung

Mündliche Prüfungen

Das alles gilt auch für die Vorbereitung der mündlichen Prüfungen. Meist sind Sie in der mündlichen Prüfung frei, an Beispielen ihrer Wahl zu diskutieren, was das Epochentypische, was aber auch das Besondere eines Textes, eines Werkes und einer literarischen Kommunikation ist. Hier kommt es darauf an, Wissen um die Epochentypik argumentativ wenden zu können. Selten wird von Ihnen freilich ein Gesamtüberblick erwartet. Wählen Sie daher die literaturgeschichtlichen Zeiträume so aus, dass Sie unterschiedliche Beispiele kontrastieren können, etwa die Literatur des 17. Jahrhunderts und den Sturm und Drang. Das schärft Ihre Argumentation. Wählen sie unterschiedliche Epochenbegriffe zur Vorbereitung der Prüfung, um an ihnen die unterschiedlichen Möglichkeiten der Konstruktion von Epochenbegriffen zu erläutern

Ein Thesenpapier, das Sie für jedes ihrer Themen mindestens für sich selbst anfertigen, hilft die Gedanken zu sortieren. Und ein klein wenig Glück ist dann auch noch bei jeder Prüfung hilfreich.

Anhang

1 Übersicht über die literaturhistorischen Begriffe

Die Tabelle gibt eine Übersicht über die gebräuchlichen Bezeichnungen für Epochen, Teilepochen, Bewegungen und Stile. Die Angaben sind daher nicht strikt chronologisch zu nehmen, sondern dienen der Orientierung. Gerade weil sie Unterschiedliches bezeichnen, sind sie nicht immer Epochenbegriffe, auch wenn sie wiederholt gerade so verwendet werden. Sie decken sich zudem oft gerade nicht mit gleichlautenden kunst- oder musikgeschichtlichen Bezeichnungen.

Begriffe und Bezeichnungen	ungefähre Daten
Althochdeutsche Literatur	800–1050
Frühmittelhochdeutsche Literatur	1050–1150
Mittelhochdeutsche Literatur	1150–1350
„Höfische Klassik"	1190–1230
Frühneuhochdeutsche Literatur	1350–1500
Humanismus	1450–1650
Reformation	1520–1620
Barock	1620–1720
Aufklärung	1680–1810
Frühaufklärung	1680–1750
Empfindsamkeit	1745–1780
Sturm und Drang	1770–1785
Klassik	1786–1832
Romantik	1798–1830
Frühromantik	1795–1801
Hochromantik/Heidelberger Romantik	1804–1809
Spätromantik	1815–1848
Biedermeier	1830–1848
Junges Deutschland/Vormärz	1815–1848
Poetischer Realismus/Bürgerlicher Realismus	1848–1900
Naturalismus	1890–1900
Dekadenz/Fin de Siècle/Jahrhundertwende	1890–1914
Wiener Moderne/Junges Wien	1890–1910

Anhang

Begriffe und Bezeichnungen	ungefähre Daten
Expressionismus	1905–1925
Dadaismus	1916–1922
Neue Sachlichkeit	1918–1933
NS-Literatur, Exilliteratur und Innere Emigration	1933–1945
Nachkriegsliteratur	1945–1959

2 Literaturhinweise

Die nachfolgenden Hinweise sind auf wenige, wissenschaftliche Literaturgeschichten beschränkt. Es sind Gesamtdarstellungen und Epochendarstellungen. Jede für sich bietet verlässliches literarhistorisches Wissen, das für das weitere Studium wie für gezieltes Nachschlagen geeignet ist.
Die Detailgenauigkeit ist so unterschiedlich wie der Umfang. Gemeinsam ist aber diesen Darstellungen ein reflektiertes Bewusstsein des Konstruktionscharakters jeder Literaturgeschichte. Dennoch fehlt eine Literaturgeschichte, die Autor, Text und Leser gleichermaßen in den Blick nehmen würde. Mehr noch tritt die wissenschaftliche Befassung mit Theorie und Methodik der Literaturgeschichtsschreibung derzeit eher auf der Stelle.

1 Literaturgeschichten

BEUTIN, WOLFGANG: *Deutsche Literaturgeschichte. Von den Anfängen bis zur Gegenwart.* Stuttgart: Metzler 2001.
BEST, OTTO/HANS-JÜRGEN SCHMITT (Hgg.): *Die deutsche Literatur. Ein Abriß in Text und Darstellung.* 16 Bde. Stuttgart: Reclam 1976–1981.
ROTHMANN, KURT: *Kleine Geschichte der deutschen Literatur.* Stuttgart: Reclam 2003.
SCHNEIDER, JOST: *Sozialgeschichte des Lesens. Zur historischen Entwicklung und sozialen Differenzierung der literarischen Kommunikation in Deutschland.* Berlin: de Gruyter 2004.

SØRENSEN, BENGT: *Geschichte der deutschen Literatur.* 2 Bde. München: Beck 2003.
STEIN, PETER/HARTMUT STEIN: *Chronik der deutschen Literatur. Daten, Texte, Kontexte.* Stuttgart: Krömer 2008

2 Epochen der Literaturgeschichte

Mittelalter
BRUNNER, HORST: *Geschichte der deutschen Literatur des Mittelalters im Überblick.* Stuttgart: Reclam 1997.
HEINZLE, JOACHIM (Hg.): *Geschichte der deutschen Literatur von den Anfängen bis zum Beginn der Neuzeit.* 3 Bde. Tübingen: Niemeyer 1984ff.
KARTSCHOKE, DIETER/JOACHIM BUMKE/ THOMAS CRAMER: *Geschichte der deutschen Literatur im Mittelalter.* 3 Bde. München: dtv 1990.
WEHRLI, MAX: *Literatur im deutschen Mittelalter. Eine poetologische Einführung.* Stuttgart: Reclam 1984.

Frühe Neuzeit
BORRIES, ERIKA/ERNST BORRIES (Hgg.): *Deutsche Literaturgeschichte.* Bd. 1: *Mittelalter, Humanismus, Reformationszeit, Barock.* München: dtv 1991.
GARBER, KLAUS: *Literatur und Kultur im Europa der Frühen Neuzeit.* München: Fink 2008.
MEIER, ALBERT (Hg.): *Literatur des 17. Jahrhunderts.* München, Wien: Hanser 1999.

2 Literaturhinweise

RÖCKE, WERNER/MARINA MÜNKLER (Hgg.): *Die Literatur des 15. und 16. Jahrhunderts*. München, Wien: Hanser 2004.

Neuzeit

BARNER, WILFRIED (Hg.): *Geschichte der deutschen Literatur von 1945 bis zur Gegenwart*. München: Beck 1994.
BRENNER, PETER: *Neuere deutsche Literaturgeschichte*. Tübingen: Niemeyer 2004.
GRIMMINGER, ROLF (Hg.): *Hansers Sozialgeschichte der deutschen Literatur*. Bd. 3: Deutsche Aufklärung bis zur Französischen Revolution 1680–1789. 2 Bde. München, Wien: Hanser 1980.
KIESEL, HELMUTH: *Geschichte der literarischen Moderne. Sprache, Ästhetik, Dichtung im zwanzigsten Jahrhundert*. München: Beck 2004.
MCINNES, EDWARD/GERHARD PLUMPE (Hg.): *Hansers Sozialgeschichte der deutschen Literatur*. Bd. 6: Bürgerlicher Realismus und Gründerzeit 1848–1890. München, Wien: Hanser 1996.
SAUTERMEISTER, GERD/ULRICH SCHMID (Hgg.): *Hansers Sozialgeschichte der deutschen Literatur*. Bd. 5: Zwischen Restauration und Revolution 1815–1848. München, Wien: Hanser 1998.
SCHNELL, RALF: *Geschichte der deutschsprachigen Literatur seit 1945*. Stuttgart, Weimar: Metzler 2003.
SCHULZ, GERHARD: *Die deutsche Literatur zwischen Französischer Revolution und Restauration*. 2 Bde. München: Beck 1983.
SPRENGEL, PETER: *Geschichte der deutschsprachigen Literatur 1870–1900. Von der Reichsgründung bis zur Jahrhundertwende*. München: Beck 1998.
ŽMEGAČ, VIKTOR: *Geschichte der deutschen Literatur vom 18. Jahrhundert bis zur Gegenwart*. 3 Bde. Königstein/Ts.: Athenäum 1979.

3 Grundlagen der Literaturgeschichtsschreibung

KORTE, HERMANN: „Ein schwieriges Geschäft. Zum Umgang mit Literaturgeschichte in der Schule". In: *Der Deutschunterricht* 6 (2003), S. 2–10.
MÜLLER, JAN-DIRK: „Literaturgeschichte/Literaturgeschichtsschreibung". In: *Erkenntnis der Literatur*. Hgg. von D. Harth und P. Gebhardt, Stuttgart: Metzler 1983, S. 195–227.
ROSENBERG, RAINER: Art. „Literaturgeschichtsschreibung". In: *Reallexikon der deutschen Literaturwissenschaft*. Bd. 2. Hgg. von Harald Fricke u. a. Berlin, New York: de Gruyter 2000, S. 458–463.
SCHÖNERT, JÖRG: Art. „Literaturgeschichte". In: *Reallexikon der deutschen Literaturwissenschaft*. Bd. 2. Hgg. von Harald Fricke u. a. Berlin, New York: de Gruyter 2000, S. 454–458.

4 Weitere Literatur

GERVINUS, GEORG GOTTFRIED: *Geschichte der poetischen Nationallitteratur der Deutschen*, 5 Bde. Leipzig: Engelmann 1835–1842.
HERODOT: *Historien*. Erstes Buch. Griechisch/Deutsch. Übers. von Christine Ley-Hutton, hgg. von Kai Brodersen. Stuttgart: Reclam 2002.
POHL, KARLHEINZ: *Ästhetik und Literaturtheorie in China*. München: Saur 2006.

5 Internetseiten

Germanistik im Netz. Eine virtuelle Fachbibliothek. <www.germanistik-im-netz.de>.
Mediaevum. Das Internetportal zur deutschen und lateinischen Literatur im Mittelalter <www.mediaevum.de>.
Zeno.org. Meine Bibliothek <www.zeno.org>.

Anhang

3 Namen- und Werkregister

Abrogans	21
Alkuin von York	22
Ältere Edda	39
Altsächsische Genesis	24
Andersch, Alfred	136
Annolied	30
Anton Ulrich	82
Römische Octavia	82
Aristoteles	57
Arnim, Achim von	111
Des Knaben Wunderhorn	111
Arnim, Bettine von	120
Arnold, Heinrich	83
Macarie	83
Aston, Luise	120
Auerbach, Bertold	121
Dorfgeschichten	121
Ava	29
Ball, Hugo	134
Karawane	134
Bahr, Hermann	131
Barclay, John	82
Argenis	82
Baumgarten, Alexander Gottlieb	93f
Meditationes	93
Aesthetica	93
Benn, Gottfried	133
Kleine Aster	133
Bernhard von Clairvaux	28, 44
Berthold von Regensburg	46
Bidermann, Jacob	80
Cenodoxus	80
Birken, Sigmund von	74
Bodmer, Johann Jakob	91f
Critische Abhandlung	91
Critische Betrachtung	92
Böll, Heinrich	136
Börne, Ludwig	117, 120
Borchart, Wolfgang	135
Draußen vor der Tür	135
Brahm, Otto	128
Brant, Sebastian	55f
Das Narrenschiff	55
Brecht, Bertolt	133, 137
Die Dreigroschenoper	133
Breitinger, Johann Jakob	91f
Critische Dichtkunst	91
Brentano, Clemens	111
Des Knaben Wunderhorn	111
Brockes, Barthold Heinrich	89
Irdisches Vergnügen	89
Der Patriot	89
Buchner, August	74
Büchner, Georg	118f
Dantons Tod	119
Der hessische Landbote	119
Lenz	119
Leonce und Lena	119
Woyzeck	119
Bunge, Gustav	130
Bürger, Gottfried August	117
Carmina burana	34
Celan, Paul	137
Mohn und Gedächtnis	137
Celtis, Conrad	54
Quattuor libri amorum	54
Germania illustrata	54
Chrétien de Troyes	40
Cervantes, Miguel de	69, 70, 84
Don Quichote	69
Cicero	53, 55, 65
De officiis	65
Der Kürenberger	35
Der Wilde Mann	29
Diderot, Denis	70
Die Schiltbürger (Lalebuch)	68
Diederichs, Eugen	134
Dil Ulenspiegel	68
Droste-Hülshoff, Annette von	120
Die Judenbuche	120
Döblin, Alfred	133
Die Ermordung einer Butterblume	133
Berlin Alexanderplatz	135
Dürer, Albrecht	56
Ebner-Eschenbach, Marie von	125
Lotti die Uhrmacherin	125
Das Gemeindekind	126

3 Namen- und Werkregister

Eich, Günther 135
Inventur 135
Eichendorff, Joseph von 6, 112, 116
Aus dem Leben eines Taugenichts 6
Wünschelruthe 112
Eike von Repgow 47
Sachsenspiegel 47
Elias, Julius 128
Elisabeth von Lothringen 67
Hug Schapler 67
Enzensberger, Hans Magnus 139
Epistolae obscurum virorum 55
Erasmus von Rotterdam 54
Adagia 54
Enconium Moriae 54
Eyb, Albrecht von 53
Ezzolied 29

Fichte, Johann Gottlieb 108
Fischart, Johann 69, 70
Geschichtsklitterung 69
Fischer, Samuel 128, 134
Folz, Hans 63
Fontane, Theodor 6, 123f., 126
Effi Briest 6, 124
Fortunatus 68
Freiligrath, Ferdinand 119
Freytag, Gustav 123
Soll und Haben 123

Gellert, Christian Fürchtegott 95
Schwedische Gräfin 95
Gennadius von Marseille 13
George, Stefan 131
Gerhardt, Paul 62, 80
Gerstäcker, Friedrich 126
Die Flußpiraten 126
Gervinus, Georg Gottfried 14
Nationalliteratur der Deutschen 14
Gleim, Johann Wilhelm Ludwig 94
Goethe, Johann Wolfgang 6, 14, 17, 99–100, 102–108, 141
Faust 107
Götz von Berlichingen 99
Hermann und Dorothea 106
Iphigenie auf Tauris 106
Römische Elegien 106
Stella 99

Torquato Tasso 106
Werther 17, 99f, 141
Wilhelm Meisters Lehrjahre 6, 106
Gotthelf, Jeremias 124
Gottfried von Straßburg 31, 42–44
Tristan 42
Gottsched, Johann Christoph 90, 91
Critische Dichtkunst 90
Der sterbende Cato 91
Gottsched, Adelgunde Viktoria 91
Pietisterey im Fischbeinrock 91
Grabbe, Christian Dietrich 120
Grass, Günther 137
Die Blechtrommel 137
Grillparzer, Franz 121
Der arme Spielmann 121
Grimm, Jacob 23, 70, 111
Grimm, Wilhelm 23, 70, 111
Kinder- und Hausmärchen 111
Grimmelshausen,
  Hans Jacob Christoffel von 83, 84
Courage 84
Gryphius, Andreas 78–81
Catharina von Georgien 78, 79
Abend 81

Hahn-Hahn, Ida 126
Haller, Albrecht von 90
Die Alpen 90
Göttingische Zeitung 90
Handke, Peter 137
Publikumsbeschimpfungen 137
Harden, Maximilian 128
Harsdörffer, Georg Philipp 74, 78
Seelewig 78
Hart, Julius und Heinrich 128
Hartmann von Aue 41, 42, 44
Der arme Heinrich 41
Erec 41
Gregorius 41
Iwein 41
Hauptmann, Gerhart 130
Hebbel, Friedrich 38
Hegel, Georg Wilhelm Friedrich 115
Heimburg, Gregor 53
Heine, Heinrich 117–122
Lorelay 118

149

Anhang

Heinrich von Veldeke	31, 40
Eneit	40
Heliand	24
Heliodor	82
Helmbrecht	45
Herder, Johann Gottfried	14, 93, 98
Herodot	11
Historien	11
Herwegh, Georg	120
Heyse, Paul	124
Hesse, Hermann	133
Unterm Rad	133
Hieronymus	12
De viris illustribus	13
Hildebrandslied	19, 20, 22–24
Hildegard von Bingen	29
Historia von D. Johann Fausten	69
Hölderlin, Friedrich	113, 115
Hälfte des Lebens	113
Hoffmann, E.T.A.	116
Hoffmann von Fallersleben, August Heinrich	120
Hoffmann von Hoffmannswaldau, Christian	75, 80
Auff den mund	75
Hofmannsthal, Hugo von	131
Holz, Arno	128
Die Kunst	128
Rote Dächer	129
Homer	65
Horaz	54, 55
Hrosvit von Gandersheim	26, 62
Hugo von St. Viktor	28
Humboldt, Wilhelm von	104
Hutten, Ulrich von	53
Ibsen, Henrik	128
Gespenster	128
Ickelsamer, Valentin	65
Die rechte weis	65
Iffland, August Wilhelm	97, 101
Isaac, Heinrich	62
Jean Paul	113, 115
Der Titan	113
Johannes von Tepl	49, 52
Der Ackermann aus Böhmen	49
Jonas, Paul	128
Kaiserchronik	28, 30
Kafka, Franz	134
Kant, Immanuel	93, 108
Karsch, Anna Luisa	95
Keil, Ernst	122
Keller, Gottfried	124–126
Romeo und Julia auf dem Dorfe	125
Kippenberg, Anton	134
Klaj, Johann	74
Kleist, Heinrich von	113
Amphitryon	113
Der Prinz von Homburg	113
Marquise von O	113
Michael Kohlhaas	113
Penthesilea	113
Klopstock, Friedrich Gottlieb	97, 98
Der Messias	97, 98
Konrad von Mengenberg	46
Buch der Natur	46
Lalebuch	68
La Roche, Sophie von	95
Fräulein von Sternheim	95
Pomona	95
Laube, Heinrich	120
Lavant, Christine	128
Le Fort, Gertrud von	128
Legenda aurea	46
Lehmann, Christian	76
Leibniz, Gottfried Wilhelm	82
Lenz, Jakob Michael Reinhold	99
Die Hofmeister	99
Die Soldaten	99
Lessing, Gotthold Ephraim	91, 96f
Emilia Galotti	97
Hamburgische Dramaturgie	96
Miß Sara Sampson	97
Nathan der Weise	96
Lewald, Fanny	120
Logau, Friedrich von	80
Lohenstein, Daniel Casper von	78, 80
Ludwig I. von Anhalt-Köthen	74
Ludwig, Otto	122
Lukian	82
Luther, Martin	54, 63, 64, 65
Mann, Heinrich	132
Mann, Thomas	6, 123, 132

Anhang

Marlitt, Eugenie	126	Quintilian	12
Marx, Karl	117	*Institutio oratoria*	12
May, Karl	126		
Mechtild von Magdeburg	45, 47	Raabe, Wilhelm	125
Das fließende Licht der Gottheit	47	Rabelais, François	69
Meister Eckart	46	*Gargantua et Pantagruel*	69
Melanchton, Philipp	65f	Reinmar der Alte	36
Mendelssohn, Moses	91, 97	Reuchlin, Johannes	55
Merseburger Zaubersprüche	19, 23	Rhoden, Emmy von	127
Meyer, Conrad Ferdinand	124	*Trotzkopf*	127
Mörike, Eduard	120	Richardson, Samuel	94
Maler Nolten	120	Richter, Hans-Werner	136
Mozarts Reise nach Prag	120	Rilke, Rainer Maria	131
Morhof, Daniel Georg	13	Rousseau, Jean-Jacques	94f
Moritz, Karl Philipp	104, 115	Rosegger, Peter	126
Musil, Robert	134	Rosenplüt, Hans	63
Die Verwirrung des Zögling Törleß	134	*Ruodlieb*	27
Der Mann ohne Eigenschaften	135	Rupert von Deutz	28
Neidhart Fuchs	45	Sachs, Hans	61, 63
Neidhart von Reuenthal	37, 45, 47	Scaliger, Julius Caesar	72
Nestroy, Johann Nepomuk	121	*Poetices libri septem*	72
Nibelungenlied	14, 20, 38–40	Schelling, Friedrich Wilhelm Joseph	121
Nicolai, Friedrich	97, 101	Schiller, Friedrich	6, 99, 104, 107, 108, 116
Notker III.	26		
Novalis	110, 111	*Die Räuber*	99
Hymnen an die Nacht	111	*Don Karlos*	104
Allgemeine Brouillon	112	*Kabale und Liebe*	99
		Maria Stuart	107
Opitz, Martin	72, 73, 78, 82	*Wilhelm Tell*	6
Buch von der Deutschen Poeterey	72	Schlegel, August Wilhelm	14
Daphne	78	Schlegel, Friedrich	14, 110
Oswald von Wolkenstein	45, 47, 52	*Athenaeum*	110
Otfrid von Weissenburg	25	*Lucinde*	110
Liber evangeliorum	25	*Über die Unverständlichkeit*	110
Otloh von St. Emmeram	28	Schlenther, Paul	128
Ovid	54	Schneider, Reinhold	128
		Schnitzler, Arthur	6, 132
Peymann, Claus	137	*Leutnant Gustl*	132
Pfeil, Johann Gottlob Benjamin	97	Schottel, Justus-Georg	74
Physiologus	29	Schreyer, Lothar	134
Piccolomini, Enea Silvio	53	Schubart, Christian Friedrich Daniel	98
Pirckheimer, Willibald	53	Schütz, Heinrich	78
Platen, August von	117	Schumann, Robert	118
Priester Konrad	29	Seuse, Heinrich	46
Priester Wernher	29	Shakespeare, William	7, 98
Driu liet von der maget	29	Sidney, Philip	82
		Arcadia	82

151

Anhang

Sigbert von Gembloux	13	Wickram, Jörg	67, 69f
De scriptoribus ecclesiasticis	13	*Rollwagenbüchlin*	67
Spee, Friedrich	80	*Ritter Galmy*	69
St. *Trudperter Hohelied*	28	*Goldtfaden*	69
Steinhöwel, Heinrich	53	Wieland, Martin Christoph	95, 96
Sterne, Lawrence	94	*Agathon*	96
Sentimental Journey	94	Wiener Genesis	30
Stettenheim, Paul	128	Wildhagen, Else	127
Stifter, Adalbert	120	Winckelmann, Johann Joachim	102, 103
Der Nachsommer	120	*Gedancken über die Nachahmung*	103
Stockfleth, Maria Katharina	83	Wirnt von Gravenberg	44
Macarie	83	Wittenwiler, Heinrich	48, 52
Storm, Theodor	123	*Der Ring*	48
Immensee	123	Wolf, Kurt	134
Sturm, Johannes	65	Wolff, Christian	94
Sueton	12	Wolff, Theodor	128
De vita caesarum	12	Wolfram von Eschenbach	42–44
		Parzival	42
Tacitus	54	*Willehalm*	42
Tauler, Johannes	46	Wyle, Niklas von	53
Thomasius, Christian	88		
Monats-Gespräche	88	Zesen, Philipp von	74, 83
Tieck, Ludwig	111	*Adriatische Rosemund*	83
Tolkien, John Ronald Reuel	6	Zwingli, Ulrich	65
Der Herr der Ringe	6		
Trakl, Georg	134		
Tzschimmer, Gabriel	77		
Ulrich von Lichtenstein	47		
Ulrich von Zatzikhoven	44		
Ury, Else	127		
Nesthäkchen	127		
Vergil	75		
Wackenroder, Wilhelm Heinrich	110f		
Herzensergießungen	111		
Wagner, Heinrich Leopold	99		
Wagner, Richard	38		
Walther von der Vogelweide	35–38, 44		
Weckherlin, Georg Rudolf	80		
Wedekind, Frank	130		
Weidig, Friedrich Ludwig	119		
Weiße, Christian Felix	89		
Der Kinderfreund	89		
Weerth, Georg	120		
Wessobrunner Predigten	29		